看一眼就记得住的
生物 趣谈

肖璐 著

时代文艺出版社
SHIDAI WENYI CHUBANSHE

图书在版编目（CIP）数据

看一眼就记得住的生物趣谈 / 肖璐著. -- 长春：
时代文艺出版社, 2025. 3. -- ISBN 978-7-5387-7568-6

Ⅰ. G634.913

中国国家版本馆CIP数据核字第20244QQ693号

看一眼就记得住的生物趣谈

KAN YI YAN JIU JIDEZHU DE SHENGWU QUTAN

肖璐 著

出 品 人：吴 刚
产品总监：郝秋月
责任编辑：余嘉莹
特约编辑：王 彦
装帧设计：丫丫书装·张亚群
排版制作：东方巨名

出版发行：时代文艺出版社
地　　址：长春市福祉大路5788号　龙腾国际大厦A座15层（130118）
电　　话：0431-81629751（总编办）　0431-81629758（发行部）
官方微博：weibo.com/tlapress
开　　本：710mm×1000mm　1/16
印　　张：15.5
字　　数：186千字
印　　刷：运河（唐山）印务有限公司
版　　次：2025年3月第1版
印　　次：2025年3月第1次印刷
书　　号：ISBN 978-7-5387-7568-6
定　　价：46.00元

图书如有印装错误　请与印厂联系调换　（电话：13701275261）

原来生物也可以这么学

在浩瀚的宇宙中，有一颗蓝色星球，它因为有生命的存在，而显得如此独特，它就是我们的地球。作为这颗蓝色星球上众多生命中的一员，你是否对自己以及周围的花草树木、鸟兽虫鱼感到好奇？

我们从哪里来？为何所有的生物之间都存在着或多或少的相似之处？鱼儿为什么不能在岸上呼吸，而我们为什么不能在水里呼吸？花朵为什么五颜六色？……

在人类文明的数千年历史中，人们从未停止过对生命奥秘的探索。从最初认为生命来源于神明创造，到后来先驱们顶着有神论的压力开始科学的研究探索，再到后来的科学改革扭转认知及生物学在探索过程中逐渐成形，人类在旺盛的求知欲的大力驱动之下，对于自然生命知晓得越来越多，并不断尝试将生物学研究运用到现实生活。如青霉素、杂交水稻、胰岛素、发酵技术等，都来源于生物学的实际应用。

从看见到探索，从研究到认识，生物学研究让人类对生命有了更深层次的理解。带着对生命奥秘的好奇心，让我们一起去了解生命的起源，去探索每个物种的特点，去认识地球生物圈的相互联系，去学习生物学这门学科吧！

目录

看一眼 SHENGWU
就记得住的生物趣谈

第六章　吐纳间的自然设计——呼吸系统

第七章　身体里的绚丽河流——循环系统

看一眼 SHENGWU
就记得住的生物趣谈

第十一章　"看不见"的微观生物世界

第一章

有用又有趣的细胞
——人体有多少个细胞？

1 细胞就是一个小人国

——微观世界的"引路人"

　　在走进微观世界之前，我们得先认识一位重要的角色，正是它为人类打开了微观世界的大门。

　　公元前1世纪左右，人们发现，透过球形透明物体去观察微小物体时，可以看到物体的放大成像。这是因为球形或中心比边缘凸出的透明物体可以将光线折射并集中在比原像更小的区域，由此使肉眼可以在更小的视线范围内看到更多更广的成像。此后，人类逐步开始研究这一规律，制作了中心与边缘厚度差不同的各类能放大物体的装置。

　　大约16世纪末期，荷兰有人运用两片凸透镜制作了可以观测微小物体的装置，最早的显微镜问世了。此后经过科学家们的不断研究改进，显微镜被用于观测动植物微观结构等，在科学研究中发挥了巨大的作用。随着显微镜的不断升级，其观测精度越来越高，它成为带领人们认识微观世界的"引路人"，是人类的科技之光。

　　现在在科学研究、医学观察、教学实践等领域都可以见到它的身影，常见的有光学显微镜、偏光显微镜、电子显微镜、数码显微镜等。这里我们来通过观察一台光学显微镜，了解它的组成并用它来观测生物细胞吧！

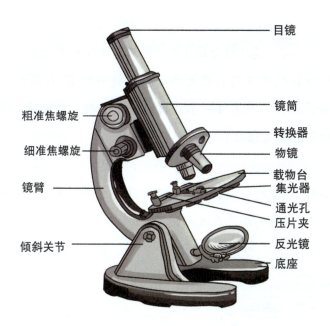

显微架结构

　　一台光学显微镜从上到下由目镜、镜筒、粗/细准焦螺旋、转换器、物镜、镜臂、载物台、反光镜、镜座（倾斜关节和底座）等主要部分构成。下面让我们来认识认识其中几位"大侠"。

看一眼就要记住的知识点

目镜和物镜

　　最早的显微镜是由两片凸透镜组合而成，也就是所谓的"目镜"和"物镜"，顾名思义，一个是眼睛直接看的凸透镜，一个是对着观测物体的凸透镜。

　　目镜和物镜在外观上可以通过一个特点来区分，那就是目镜没有螺纹，可直接安装在镜筒上端；而物镜上有螺纹，用于旋转安装在转换器上。一般转换器上可以同时安装2～3个不同放大倍数的

物镜，这样就可以通过转动转换器来选择需要放大的倍数。

目镜和物镜有不同的放大倍数，目镜一般有 10 倍或 15 倍的放大倍数，物镜一般有 4 ~ 100 倍的放大倍数，组合在一起就是对观测标本的放大倍数：

总放大倍数 = 目镜放大倍数 × 物镜放大倍数

比如用 10 倍的目镜、100 倍的物镜去看洋葱表皮，你就可以看到放大 1000 倍的洋葱表皮细胞了。

看一眼必须背会的知识点

粗、细准焦螺旋

目镜和物镜装好后，要看清标本的细胞还得调整镜头与标本的距离，以获得最清晰的影像。这就需要通过准焦螺旋来调整镜筒高度，以此调整镜头与标本的距离。

调整的口诀是：逆上顺下

粗准焦螺旋用于大幅度调节镜筒的高低，逆时针旋转则镜筒上升，顺时针旋转则镜筒下降。细准焦螺旋则用于微调物镜与标本的距离，幅度小，用于调整观测视野至最清晰程度。

这里可要注意了，调整粗准焦螺旋时要从侧面看着显微镜，先调到尽可能最低位，再慢慢逆时针旋转上调，否则调整时物镜与标本很有可能直接"脸碰脸"造成物镜磨损，甚至会样本玻片破裂。而调整细准焦螺旋时要用眼睛从目镜端观测，以使得光线能够正确聚集，从而产生清晰的影像。

看一眼必须收藏的知识点

反光镜、遮光器、载物台"三兄弟"

反光镜、遮光器、载物台是确保光线能准确被反射到目镜的"把关者"。外界光线被反光镜反射，通过载物台上的通光孔，穿透载物台上摆放的标本，从物镜经过镜筒到目镜，最后到达我们的眼睛。

反光镜有两面镜子，一面是平面镜，一面是凹面镜。外界光线充足时，用平面镜反射光线；外界光线较弱时，用凹面镜反射光线，凭借凹面镜聚光性的特点，能够聚拢更多光线用于观测。

遮光器是载物台下面的一个可旋转装置，上面有不同大小的孔让反光镜反射的光通过。小孔透过的光少，光线较暗，如果要观察的标本比较透明，可以用小孔透光，避免光线太强使得标本看不见了。反之，如果标本是不透明或半透明的，为了更清晰地观察，就需要用大通光孔给予更多光线。

载物台是放置观测标本的地方。为了让标本固定从头再来，我们会使用玻片制作玻片标本。观测时，将玻片标本放在载物台上并用压片夹固定，放在通光孔处。

玻片是一块薄薄透明的小片，用显微镜观察目标物体时，一般会取一块小小的样本，制作成玻片标本，再放在显微镜下观察。要知道，一个肉眼看来小小的物体若直接放镜头下面放大 1000 倍也是不得了的景象！

玻片标本分为切片、涂片和装片，根据保存时间可以分为永

久玻片和临时玻片。

切片是用从生物体上切取的薄片制作而成，比如观察叶片细胞，就可以用刀片从一片叶子上切取一个横截面并制作切片。涂片是用从生物体上取得的液态物质或类似液态物质涂抹在玻片上制作而成，比如观察番茄细胞，就可以用番茄内部的果肉制作涂片。装片是用从生物体上撕取或挑取的少量样本制作而成，比如从院子里用镊子夹取少量青苔，就可以制作青苔临时装片进行观察。

永久玻片是经过一系列工序制作的可以长期保存的观测标本，比如科学研究、教学所用标本。临时玻片是临时需要观察某个标本时，现场取样后制作的标本玻片，如医院检验科对于病人的某些检验标本就是使用临时玻片进行观测检验。

现在一台光学显微镜已经放在我们面前。取一块载玻片（放标本的玻片），在中间滴上1～2滴蒸馏水，用镊子夹一小块洋葱表皮放在水里，再取一块薄薄的盖玻片盖住洋葱表皮和那几滴蒸馏水，临时玻片就做好了。安装好目镜、物镜、临时玻片，调好光线，就可以看看这个洋葱的细胞了。

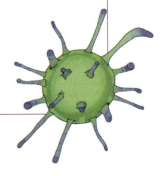

显微镜准焦螺旋分类与特点

按精准度	旋转规则	特点
粗准焦螺旋	逆时针旋转镜筒上升,顺时针旋转则镜筒下降	调整幅度大,用于初步确定物镜与标本的相对位置
细准焦螺旋		调整幅度小,用于微调观测视野精准度

2 一起探索生命的微观世界

——细胞的攻防战

在大约36亿年前的远古海洋里，通过一场雷电的催化，地球上第一个生命——原核细胞惊艳问世。数十亿年间，生命从原核细胞进化到真核细胞，从单细胞进化到多细胞，形成了多彩缤纷的地球生态。

36亿年后的一天，你在厨房制作晚餐时，你有没有想过，你和盘子里的洋葱，都源于那颗创世的原核细胞？远在原始森林的大树和池塘里的小鱼，也拥有着相似的基本结构。我们人类、盘子里的洋葱、大树和小鱼，都是由最基本的单位组成，那就是我们今天要认识的主角——细胞。

单单凭借肉眼，人们是看不见单个细胞的。但16世纪末期的一项发明改变了这一切。随着最早的显微镜在荷兰被制造出来，并在之后逐渐被科学家改进并用于科学研究，一个令人惊叹的微观世界被人类揭开了面纱，我们终于看见了细胞长什么样子。

细胞可以分为真核细胞和原核细胞。真核细胞的细胞核物质"住"在"单间"里（即被核膜包裹），原核细胞（比如细菌、蓝藻）的细胞核物质则跟其他的细胞器一起"住"在由细胞膜建立起的"大通铺"里。下面是一个植物细胞和一个动物细胞的基本结构图。

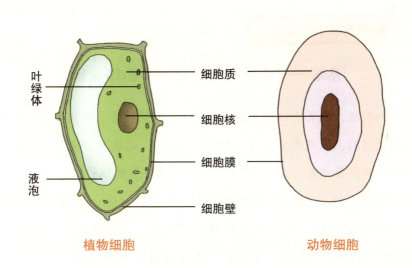

叶绿体

液泡

细胞质

细胞核

细胞膜

细胞壁

植物细胞   动物细胞

　　所有动植物细胞（真核细胞）都有着最基本的结构：外面一层细胞膜（植物的细胞膜外面还有一层细胞壁），中间充满了细胞质、核心有一个细胞核。它们看上去是不是很像煮熟的鸡蛋？其实，鸡蛋里也包含了一颗细胞（即母鸡的卵细胞），它可以说是生物体中体积最大的一种细胞。

　　人体细胞数量可以达到40万亿～60万亿个。小小细胞，个头不大，却能在遗传信息的指引下，不断"复制粘贴"或"按需分工"，分裂和分化。在不断的新陈代谢中，它可以长成一棵参天大树，可以化作林间小鹿，也可以成为海洋里共生的小丑鱼和海葵……真可谓是"可盐可甜"。

　　下面让我们来看看真核细胞长什么样子吧！

看一眼就要记住的知识点

外层——负责"监督看守"的细胞膜

细胞膜，包裹着细胞里面的所有物质，并凭借着脂类和蛋白质等组成的结构，以及两类物质"亲水""疏水"的特性，决定了细胞内外的物质能否相互交流，担负起了"监督看守"的职责。

当然，植物细胞在细胞膜的外层比动物细胞还要多一层细胞壁，用来保护植物细胞不被外界环境损坏，同时支撑起了植物细胞的挺立结构。值得一说的是，其实细菌也有细胞壁，但成分与植物的细胞壁不同，植物细胞壁的主要成分是纤维素，细菌细胞壁的主要成分是肽聚糖（又称粘肽）。

看一眼必须背会的知识点

"头脑担当"细胞核

细胞核，是储存生物绝大部分遗传物质的地方，是细胞的核心区域。细胞核就像电脑的中央处理器(CPU)，里面的遗传物质（DNA）串联成一个个的染色体。就像是电脑源代码，向细胞里的所有成员发出指令，告诉它们按什么要求生产细胞需要的各

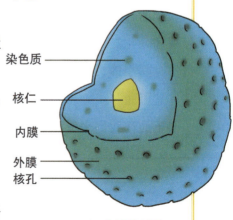

染色质
核仁
内膜
外膜
核孔

细胞核的结构

010

种物质,供给细胞使之生存和延续,或者按什么规划,向哪一类功能的细胞"进化"。比如,我们的皮肤表层细胞会出现"死皮",这是因为表皮细胞的细胞核告诉它们要复制粘贴自己(细胞分裂),老细胞(死皮)衰老退休,新细胞赶紧上岗,周而复始。而我们身体的不同部位形态不一样,则是细胞核按照最初的规划(胚胎生长)让细胞分化形成了血液、皮肤、内脏等不同位置的细胞。但在同一生物体内,不论是什么形态的细胞,它们都有着一样的细胞核遗传信息。

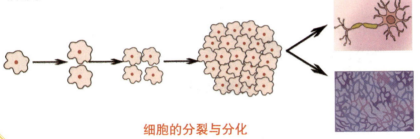

细胞的分裂与分化

看一眼必须收藏的知识点

细胞"大通铺"——细胞质

　　细胞质,是细胞膜包裹着的使细胞充盈的胶状物。细胞质包含有基质、细胞器(如叶绿体、线粒体、高尔基体、液泡、核糖体等)、其他包含物等。这些各种各样的重要成员都"各司其职",为细胞的正常运行保驾护航。

　　"可盐可甜"的细胞,是绝大多数生物体的基本单位。从宇宙宏观的角度,地球是沧海一粟的存在;从地球的角度,每个生

物显得微不足道；从生物体角度，每个细胞可谓是微乎其微。然而，正是这微尘般的细胞，却拥有着令人叹为观止的功能设计；也是这一个个微小的细胞，组成了宇宙中拥有生命活力的独特世界。

现在你已经了解了细胞的基本样貌，接下来，你将获得我们的邀请函，一起探索生命的微观世界！

看一眼
就能懂的生物学常识

细胞的分类

细胞分类	特点	分布	结构				备注
			细胞壁	细胞膜	细胞质	细胞核	
原核细胞	遗传物质无核膜包裹	细菌、蓝藻等	√	√	√	×	仅含核质
真核细胞	遗传物质有核膜包裹	植物细胞	√	√	√	√	
		动物细胞	×	√	√	√	

3 叶片奇妙工厂

——树叶的形状和颜色里有这些学问

　　远古的地球并不是一颗适宜生命生存的星球。据研究推断，在不断的地壳运动下，大量岩浆伴随着有毒气体喷发、冷却，那时大气层存在着水蒸气、氢气、氨气、甲烷、硫化氢、二氧化碳等成分。后来，远古海洋中出现了原核细胞，出现了单细胞藻类。通过藻类细胞中叶绿体的光合作用，更多无机物被转变为有机物，并释放出氧气。历经数十亿年，随着植物不断进化，在它们持续的光合作用以及其他影响因素的共同作用下，地球的大气成分逐步转变为以稳定的氮气和适宜生命生存的氧气为主。可见，地球成为富有生命活力的星球，植物们功不可没。

　　植物进化到现在，从单细胞到多细胞，从藻类、蕨类到被子植物，种类多种多样。现在，你将被邀请去参观一家特别的"工厂"，了解一片树叶的一天。

　　这是一片乔木的树叶，它在高高的树枝上，每天享受着阳光雨露。在它的身体里，是一家小小"工厂"，"工厂"里的细胞夜以继日地工作，通过光合作用将根部吸收的无机物转化为有机物供大树使用，通过呼吸作用将有机物转化为生命活动需要的能量。

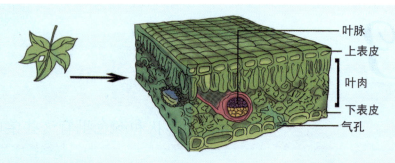

叶片结构剖层图

　　"工厂"里，上下两层排列整齐紧凑的是表皮细胞，主要负责保护叶片的内部组织、用气孔开合控制气体的进出量以及执行部分光合作用和呼吸作用等。中间部分则是叶肉细胞，它们分为栅栏组织和海绵组织两个团队。"栅栏团队"的细胞呈圆柱状，紧密排列在叶肉的上方位置，它们都含有叶绿体，负责主要的光合作用生产养料工作。"海绵团队"的细胞则排列疏松，像海绵一样，这样的结构更有利于与外界进行气体交换，而它们仅含有少量叶绿体，所以主要工作不是光合作用，而是气体交换、贮藏等。

　　在叶肉细胞中间还穿插着一条条的运输管道，它们叫作叶脉，也就是负责运送来自根部吸收的水分、无机盐和叶片生产的养料的维管束，这些脉络在枯叶上最为清晰可见。从叶片的横切面看，一些植物叶片的叶脉就像是一朵花，排列紧密的维管束鞘细胞包裹着负责运输水分的导管和运输养分的筛管。

　　当叶片表皮上的气孔张开，空气中的二氧化碳进入叶片内部。叶脉这时送来了根部从泥土中吸收到的水和无机物。利用这些原料，在光照的作用下，叶肉细胞里的叶绿体开始了光合作用"大生产"。源源不断的有机物被制造出来，被叶脉传送到大树的各个部位，生产出来的氧气（光合作用中的"副产品"）从气孔又排到大气中。同时，大气中的氧气每天也会经由气孔进入叶片，运用这些氧气和生产车间的有机物，每一个细胞里的线粒体进行着维持大树正常生命活动的呼吸作用，产生的能量供大树自用，"副产品"二氧化碳则从气孔排出体外。

一棵参天大树，树叶不计其数，每一片树叶上的细胞都在孜孜不倦地工作着。春去秋来，它们在我们不可洞见的每时每刻，展现出生命的力量。正是这样一棵棵大树、一株株小草，甚至一粒粒海藻，为地球赋予了不一样的色彩，那晶莹剔透的绿色，便是生命的颜色。

看一眼就能懂的生物学常识

叶片细胞分类

叶片细胞分类	细分类	细胞排列	特点
表皮细胞	上表皮细胞	紧密	含气孔，可控制气体进出
	下表皮细胞		
叶肉细胞	栅栏组织	紧密	叶绿体丰富，主要光合作用场所
	海绵组织	疏松	叶绿体较少，主要气体交换场所
叶脉细胞	维管束鞘细胞	紧密	包裹导管、筛管
	导管		输送水分
	筛管		输送养料

看一眼 SHENGWU
就记得住的生物趣读

	植物光合作用、呼吸作用过程式	
光合作用	二氧化碳（CO_2）+ 水（H_2O） $\xrightarrow{\text{光能 + 叶绿体}}$ 有机物 + 氧气（O_2）	
呼吸作用	有机物 + 氧气（O_2） $\xrightarrow{\text{线粒体}}$ 二氧化碳（CO_2）+ 水（H_2O）+ 能量	

4

细胞的"五脏六腑"都有啥？

俗话说：麻雀虽小，五脏俱全。要说细胞，也是配得上这句话的。前面我们提到，一颗真核细胞的基本结构由细胞膜、细胞质、细胞核组成。在细胞内充斥着的细胞质，是非常丰富多彩的世界，里面蕴含着细胞的"五脏六腑"。细胞质是细胞的"生产基地"，它由"生产车间"——基质、"生产设备"——细胞器、少量遗传信息等其他包含物共同组成。其中，"生产设备"包含叶绿体、线粒体、高尔基体、核糖体等，每一个都是大自然的杰作。

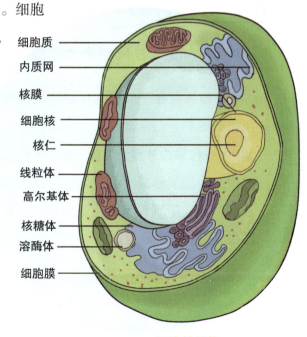

细胞质 ——
内质网 ——
核膜 ——
细胞核 ——
核仁 ——
线粒体 ——
高尔基体 ——
核糖体 ——
溶酶体 ——
细胞膜 ——

细胞的结构

看一眼就要记住的知识点

生命之源——叶绿体

作为植物细胞，它有别于动物、细菌、真菌等细胞的一大特点就是拥有叶绿体。叶绿体是植物的"养料制造商"和"能量转换站"。它由外膜、内膜、基质、基粒构成，内含叶绿素，在光照的情况下，能够利用水、二氧化碳，借助酶的作用，生产出有机物（植物所需的能量），并释放氧气。而光合作用产生的所谓"废料"氧气，则成了地球上所有生物赖以生存的必需品。

看一眼必须背会的知识点

拉风的动力引擎——线粒体

线粒体存在于所有真核细胞中，是动植物细胞呼吸作用的场所，为细胞生命活动提供了95%的能量，可谓是生命的"动力引擎"。线粒体由外膜、内膜、基质等构成。外膜平滑，包裹内含物；内膜向内褶皱形成"线粒体嵴"以增加表面积，承担更多的生化反应；基质中则包含酶、蛋白质、少量遗传物质，通过各项生化反应为生物提供能量。

看一眼必须收藏的知识点

合成车间+快递小哥——高尔基体

高尔基体于1897年由意大利科学家卡米洛·高尔基确定,并于次年以其名字命名。高尔基体由脂类物质和蛋白质组成,含有酶和RNA。在结构上,包含了扁平膜囊、大囊泡、小囊泡三个基本组成。高尔基体由单位膜构成的扁平囊叠加在一起所组成,囊的边缘膨大且具有穿孔,能分离出许多小泡(高尔基小泡),看起来像一叠千层饼。高尔基体是细胞里的"合成运输"岗位,它能够包装和运输蛋白质和脂质,能合成运输多糖,还能合成纤维素等细胞壁所需的物质。

看一眼就要记住的知识点

信息翻译机——核糖体

核糖体是细胞中负责将RNA信息"翻译"成蛋白质的细胞器,是小小工厂的电脑"读卡器"。核糖体的翻译过程有意思极了,就像是在搭有固定组合规则的积木。比如,从细胞核核孔中游出了一条信使RNA(mRNA),带着细胞核DNA的遗传信息来到了细胞质里,这条mRNA上的信息"积木"顺序是固定的,每一个节点的"积木"只有指定的"积木"才能与它组合,譬如绿色与绿色搭配,红色与红色搭配。见到游荡的mRNA,核糖体纷纷游了过来,开始翻译它的指令。在此过程中,核糖体按照搭配规

律来"搭积木"，最终搭建出肽链，组装出蛋白质，供生命体各个需求区域使用。

　　细胞器们有的生产、有的合成、有的运输，通过共同协作，确保了细胞的正常运转和生命体的正常活动。每一项精妙设计都是大自然的鬼斧神工。

看一眼就能懂的生物学常识

细胞质中主要细胞器分类及特点

细胞器名称	主要作用
叶绿体	光合作用制造养料
线粒体	呼吸作用生产能量
高尔基体	合成运输蛋白质、脂质、多糖、纤维素等
核糖体	翻译遗传信息制造蛋白质

第二章

地球历史图书馆

——物种的进化

1 怎么它们看起来很像又不太一样?

——达尔文与他的《物种起源》

为什么憨态可掬的"嗦笋"国宝熊猫形态上和河边徒手捕鱼的"能手"棕熊有点像呢?又是为什么,明明形态有点像,但皮毛、体型、习性、饮食上又存在那么多的不同呢?

为什么"狡猾"的狐狸先生和农场里的"憨厚"狗哥看起来像一对表兄弟?为什么所有的哺乳动物基本都是两只眼睛、一个鼻子、两只耳朵、一张嘴?

当年远在英国的查尔斯·达尔文先生也是这样思考的。那年,他22岁,双手插兜,登上了远洋考察船"贝格尔"号,开启了他历时5年的环球科考之旅。

他攀上高山,蹚过河流,登陆岛屿……同一时空中,他看到了同一物种、栖息地不同则外观各有特色的地雀;不同时间,同一地域,他发现了与现存动物极为相似的古生物化石。难道说,这些都是巧合吗?

当然不是,自然界的一切都是有缘由的。经过数十年的实地观察研究、观测实验、资料分析等,达尔文先生脑中一套生物学理论观点逐渐成型。1895年,震惊科学界、影响深远的科学巨著《物种起源》

惊艳问世，让生物学的发展实现了巨大的跨越。达尔文的自然选择学说，有力地解释了诸如前文的各种问题。那么，现在就让我们一起用自然选择学说来看看现实中的生物世界吧！

地球上的生物体，所有生命活动最基本的目标就是维持自身正常的运转，说通俗一点儿来说就是努力活着。围绕"活着"这个目的，植物从土壤中汲取营养，在阳光中进行光合作用制造养料；草食动物在草原上咀嚼着青草；肉食动物想方设法捕食猎物。那么这和物种起源、自然选择又有什么关系呢？

当然有关系！正是因为自然界存在着捕食和被捕食的关系，所以在种群中因为种种因素更容易成为"天敌"口中之食的生物会因为被吃掉而数量越来越少，于是它们的后代也会越来越少；相反，相对来说不容易被捕食的生物则能继续繁衍它们的后代，流传它们的遗传信息。这个影响"因素"，可以是生物的外表。比如皮毛颜色与生活环境相似的，由于不容易被捕食者发现，就不容易被吃掉；相反皮毛颜色与环境差异很大的，被吃掉的概率大大增加。

同时，即使不是因为被捕食，生物也可能因为自身机能素质的差异导致其"活着"更艰难。比如远古时期，长颈鹿的脖子有长有短，地上食物匮乏的时候，脖子长的能够吃到树上的叶子，脖子短的因为常常吃不到树叶而身体虚弱，容易被饿死或被捕食。这样的情况导致的客观结果就是，这个种群从A面貌的类型居多逐渐转变为B面貌的类型居多，可能到最后A面貌就像"消失了"一样没有后代了，也就是物种被"自然选择"了。

值得一提的是，物种的自然选择并不是局限于"单线作战"，也就是A不一定被B取代，而是可能由A演化出B1、B2、B3等不同亚种。比如，前文提到的熊猫和棕熊，便是在不同环境的影响下朝着不同方

向进化的熊科动物。还有同一海域不同岛屿上各具特色的地雀家族的鸟儿们，也是自然选择造就的。

尽管达尔文的自然选择学说受到当时科学发展水平的限制，但他的理论对之后生物科学的研究发展起到了奠基作用。以他的学说为指引，现代生物科学尤其是生物进化理论得到了发展和完善。

从对生命来源的探索中，我们还能够找到关于辩证思考事物的启示。就目前的科学技术而言，我们还没有能力发明出时光机穿越古今，所以，我们并没有办法回到数十亿年前，去亲眼探寻远古地球以及古生物的样貌。而生物学中关于生物进化、生命诞生的理论，都是基于现在已知的生物学线索，通过理论推断、模拟实验等做出的科学推论。这些推论能够帮助我们在科学探索的道路上不断发展，但是，我们仍然需要用辩证思考的思维方式来看待事物，即使你只是一个刚接触生物学的中学生。对于那些对过去事物的推论，我们可以借鉴参考，但同时我们也应该用自己的思维去分析判断，用实践去验证，而不是全盘接收。就像古时候，人们受认知上的局限，认为万物都是被神创造的，那时候如果没有人用辩证思维来思考问题，也许现在连科学都不会有了。

希望你能从阅读本书开始练习辩证思考的能力，也许下一个达尔文就是你哦！

物种进化的思路

物种类别	身体特点	是否能适应环境	存活及遗传倾向	结果	物种进化情况
同一种类	外部形态、身体素质等存在差异	能	易于存活、繁衍后代概率高	数量稳定且正常繁衍	具备该身体特点的种类占比变大，形成物种向该方向进化的结果
		不能	不易存活、繁衍后代概率低	数量下降直至无后代	具备该身体特点的种类消失

2 不可或缺的伙伴

——天地山海间的绿色

　　只要稍加注意你就会惊奇地发现，原来我们生活的方方面面都被植物包围着。说是方方面面，并不仅仅是指公园里的大树或绿化带的植被。你看，棉质衣服、被子来自棉花，书写的纸张来自树皮或竹浆，吃饭用的筷子由竹子或者鸡翅木、铁木等木头制作而成，餐桌上的米、面、油从稻谷、麦子、油菜籽中来……也许没有肉食我们只是饮食中缺少了一些滋味，但没有了植物，我们的生活也许将不复存在。这便是天地山海之间，植物的魅力所在——它们给予了我们生存的必要条件，帮助我们去欣赏世间广阔的美好。

　　地球上已知的绿色植物有50余万种。在大海中、在小溪间、在沙漠里、在山地之巅，绿色植物的身影遍布五湖四海。有人类肉眼难辨的单细胞衣藻、有山石台阶上漫布的青苔、有山石土地间生长的卷柏、也有热带雨林里参天的大树……为了便于认识和研究绿色植物们，按照形态和生活环境，它们被划分为四大类群：藻类、苔藓、蕨类和种子植物。

　　我们一起来认识它们吧！

看一眼就要记住的知识点

藻类植物

作为地球上最古老的植物，从物种起源学说的角度讲，藻类可以称得上是植物的"老祖宗"，苔藓、蕨类、种子植物都是由它经过几十亿年的岁月慢慢进化而来的。藻类有单细胞的形态，比如长着两条鞭毛可以游动的衣藻；有多细胞的形态，比如紫菜、海带这些食用海产品。藻类主要生活在淡水、海水里或者陆地上潮湿的地方，通过全身吸收环境中的水和无机盐，并进行光合作用制造养料。

虽然大多数藻类都有叶绿体（少数只有叶绿素没有叶绿体，比如蓝藻）能进行光合作用，但不具备专门光合作用及吸收运输养料的器官，也就是说藻类没有分化出根、茎、叶。

值得注意的是，在藻类中有一些外形上看起来像高等植物的存在，其实那只是一种假象。比如，海带的根并不是真正意义上的根，只是为了固定自己不被海水洋流带走的类似根的结构。因此，作为藻类的海带也没有分化出根、茎、叶。

看一眼必须背会的知识点

苔藓

古诗"应怜屐齿印苍苔，小扣柴扉久不开""苔痕上阶绿，草色入帘青"都提到了苔藓，可见苔藓在生活环境和自然环境中分布广泛。

　　苔藓大多生活在陆地上的潮湿环境中。平常我们去户外的水边或者是树林里，可以在石头上、泥土上、树皮上看到矮矮小小的绿色苔藓，凑近了看，还能发现苔藓有着小小的叶子。其实，苔藓有着类似茎和叶的分化，所以它们就像是微缩版的盆景植物。但实际上，苔藓的茎并没有导管，叶子没有叶脉，它们的根也非常简单（称为"假根"）。平时，苔藓依靠整个植物体来吸收生命活动必需的水和无机盐。之前我们通过参观叶片工厂了解到，一般种子植物的叶片都有上、下表皮细胞，一方面对叶肉起到保护作用，另一方面通过控制气孔开闭来控制外部气体进入叶片内部。但是苔藓的叶子并没有，它的叶上只有一层细胞，外部气体进入细胞只受到细胞壁和细胞膜的影响，控制程度有限。这就是为什么空气污染会导致苔藓植物中毒死亡。

　　在现实生活中，根据苔藓植物叶上只有一层细胞、对空气成分敏感的特点，人们利用对苔藓植物生长情况的观察，来判断周围空气污染的程度。

看一眼必须收藏的知识点

蕨类植物

　　状似羽毛、造型优美的叶片，让它们成为花卉市场和公园绿化带的"宠儿"，它们叫作蕨类植物。

　　蕨类植物有着根茎叶的分化，它们的茎大多生长在地下，因此植株略显低矮。叶片背面有许多褐色的斑块隆起，那是保存蕨类植物生殖细胞的孢子囊群，其中的孢子如果被散放到温暖潮湿的地方，便会萌发生长。其根茎叶中有专门运输物质的输导组织。

看出来了吗？从藻类到苔藓再到蕨类植物，它们的结构越来越复杂，功能越来越高级。从根茎叶的分化来看，也是从无到有，从功能单一到功能复杂，这样的变化也很符合自然选择学说的理论推断！

根据科学研究发现及推演，由于远古时期地球大气的氧气含量更高，很多动植物的个头都非常大，比如恐龙。经推测，大约2亿年前，地球上的蕨类植物可以达到几十米高，它们组成大片的蕨类森林，像极了现在童话世界的森林场景。不过随着气候变化，这样的大型蕨类植物逐渐灭绝了。

看一眼就要记住的知识点

种子植物

松子、花生、苹果、桃……这些我们常见的食物，都跟"种子"这个词息息相关。我们常说"春种一粒粟，秋收万颗子"；一颗小小的种子，在泥土的拥抱中，在雨露阳光的滋养下，能够逐渐成长为漂亮的花儿或是一棵参天大树……这便是种子植物顽强的生命力和环境适应性。种子植物得以在地球的各个地区生存下来，不仅能适应严苛的地理环境，比如沙漠里的胡杨树；有些还能"超长待机"，比如天坛公园里的松树，有的已经生存了六百多年。

尽管不同的种子植物形态不一，种子也形状各异，有圆的、

方的、扁的、纺锤状的、水滴状的等，但每一颗种子都有着这样的基本结构：种皮、胚（包括胚根、胚轴、胚芽、子叶），当然有些植物种子还多一个叫"胚乳"的结构，胚乳和子叶一样也是为种子发育提供营养的。

这里我们切开了一颗菜豆种子和一粒玉米种子来观察。看！它们的构成很相似吧！但是仔细观察就会发现，玉米种皮外层还有果皮，这个结构并不是所有的种子植物都有的。因此，为了便于分类研究，人们把有果皮的种子植物称为"被子植物"，没有果皮的叫作"裸子植物"。图里的菜豆和玉米都是被子植物，而油松、侧柏则是裸子植物。

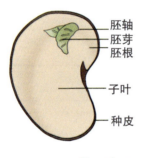

菜豆种子

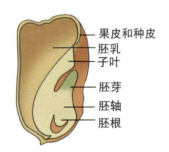

玉米种子

你知道吗？我们平时吃的桃子、梨也是被子植物，大家可能习惯性地把桃子皮、梨皮认作"果皮"。把甜美多汁的部分称为"果肉"。但是其实"果肉"并不在植物学概念里，这个甜美多汁的部分也是种子的"果皮"。拿桃子举例，它的果皮有三层，还分别有自己的名字：最外层的带毛毛的皮叫作"外果皮"，中间鲜嫩多汁的是"中果皮"，桃核硬硬的外壳叫作"内果皮"，坚硬桃核里的那个桃仁才是种子本尊。

现在我们已经初步了解了绿色植物的分类。你发现了吗？这样的分类展现的正是植物世界自然选择与进化的历程。那么下一节，我们将一起阅读一篇被子植物的自传，了解一下被子植物都是如何度过它的美好年华的。

看一眼
就能懂的生物学常识

植物分类

名称		结构情况	其他特点	代表
藻类		无根、茎、叶分化	生活于水中，少量在潮湿陆地区域	衣藻、海带
苔藓		有类似茎和叶的分化、简单根系(茎无导管、叶无叶脉、根为假根)	较矮小，生活于陆地潮湿区域	葫芦藓
蕨类		有根、茎、叶分化	一般低矮，叶片背面有褐色孢子囊群用于繁殖	卷柏、满江红
种子植物	裸子植物	有根、茎、叶分化	有种子，种子裸露，无果皮包裹	侧柏
	被子植物	有根、茎、叶分化	有种子，种子被果皮包裹	豌豆

种子植物分类及特点

植物种类	果皮	种皮	子叶或（和）胚乳	胚根	胚轴	胚芽
裸子植物	X	√	√	√	√	√
被子植物	√	√	√	√	√	√

3 被子植物生活大揭秘

——野火烧不尽，春风吹又生

在生物界，被子植物出了一本"自传"，讲述了它生动美好的一生。它讲述了自己如何从一颗小小的种子萌发出芽、慢慢长大，在阳光雨露的滋养下渐渐繁茂；它也讲述了同族的"老人"如何走向衰老，重新回到泥土里。让我们翻开这篇"自传"，一起来看看吧！

被子植物的一生可以概括为以下阶段：种子萌发、植株生长发育、植株的繁殖、植株的衰老与死亡。

◎种子萌发

你吃过豆芽吗？白白脆脆的豆芽，大概就是我们生活中最常见的种子萌发后的样子吧！那么，你知道豆芽是怎么制作的吗？通过观察豆芽的制作流程，大家就会明白一颗种子萌发需要满足哪些条件了。

首先是选种。一般豆芽是用黄豆或者绿豆制作而成的，制作前会淘洗去坏掉的豆子。当然，在市场里买来的豆子，通常都已经被农家、出品厂家提前筛选过了，他们会把烂掉的、虫子吃坏的豆子去除掉。那么我们就获得了种子萌发的第一个条件：自身条件要合格——种子里的胚是完整且活的，并且种子已经度过休眠期。

关于休眠期

种子的休眠期，就是指当外部环境不适合种子萌发时，种子就会"休眠"，把胚保护在种皮之下，不让它萌发出来，以免被严酷的外部环境（比如严寒）摧残而导致死亡。种子具有休眠的特性，也是适应环境形成的结果。"睡着了"的种子，可不会给你面子萌发起来的。

接着是进行萌发出芽。通常会把豆子先用水泡一泡，使得种皮变软，这样水分更容易进入种子内部。然后将泡好的豆子放在纱布或镂空的篮子里，在纱布上洒水或把篮子半没入水中，使得豆子既有水分的滋润，也能跟空气接触便于豆子呼吸。之后，将装豆子的容器（比如纱布或者篮子）连同豆子一块儿放在诸如纸箱之类的能够遮光的空间里，在确保纱布的水分或篮子下的水一直充足的情况下，3～5天就能得到好吃的豆芽了。

让豆子萌发就要人为制造适合种子生长的环境，那么现在我们就得到了种子萌发的第二个条件：**环境条件要适宜**——发豆芽一般都在室内或温度适宜的空间里，也就是要提供**适宜的温度**；让豆子半没入水中就是要保证**一定的水分和充足的空气**。

种子萌发的过程其实是非常有意思的：种子吸收了水分，种子里的子叶或者胚乳把营养物质转运给胚根、胚芽和胚轴，让它们逐步开始发育。而胚根、胚芽、胚轴也是提前安排好了自己今后的工作岗位：胚根形成植物的根；胚轴逐渐伸长，起到连接作用；胚芽发育成芽并在今后进一步发育成茎和叶。

看一眼必须背会的知识点

豆芽萌发避光的原因

通常发豆芽都会给予豆子避光的环境，那么不避光的话会发生什么事呢？不避光，那么豆芽会同时进行光合作用，原本看起来黄白的豆芽就会呈现绿色。避光，子叶里的淀粉等营养物质原本会逐渐释放出来；不避光就会产生其他有机物，导致豆芽的内部成分比重发生变化，豆芽的口感可能就没有那么好了。因此，为了确保豆芽的美味，老祖宗们在漫长的实践过程中，逐渐总结了要避光的发豆芽，诀窍并沿用至今。

◎植株生长发育

唐代诗人白居易的《赋得古原草送别》诗中有云："离离原上草，一岁一枯荣。野火烧不尽，春风吹又生。"诗里既提到了草的生长与凋零，也提到了春季里再次萌发的样子。草种萌发，从泥土中探出头来，见到了灿烂的阳光和广阔的天空，接下来，它将继续茁壮生长，成为一株真正的小草。

植株生长中，根系的发育直接影响它的身体素质高低。因为根系发达，才能为植株的生命活动吸收到更多的"食物"，即泥土中的水和无机盐。别看路边的小树纤细弱小，其实在地下，它的根系可能已经延展到小树宽度的好几倍了。在沙漠中，有些地方会有绿洲，绿洲里的植物，一方面叶子细小能防止体内水分散失；另一方面根系发达，能够尽可能多地汲取水分和养分。

我们一起来看看植物的根系究竟是怎样的结构吧！这是一张幼

根根尖的切面图，可以看到，根尖分为根冠、分生区、伸长区和成熟区。根冠作为根尖的顶端，细胞较大，排列不算整齐，它套在根尖最外面，像一顶帽子，能够起到保护作用。分生区细胞小而排列紧密，主要负责分裂新细胞，对伸长区进行补充。伸长区细胞越往上越大，慢慢地成为成熟区的一部分。成熟区的细胞中，表皮细胞会形成向外的突出，叫作"根毛"，它们是根吸收水分和无机盐的主要部位。

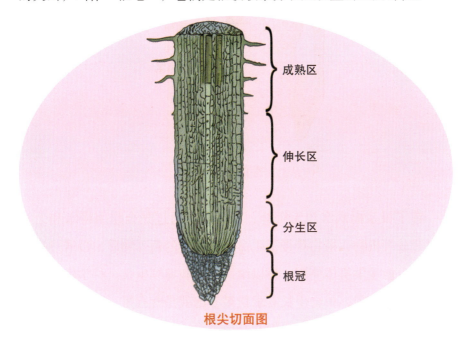

成熟区

伸长区

分生区

根冠

根尖切面图

植物生长发育时，芽在地上部分慢慢分化生长，形成植物的茎和叶等主要构造。下图是芽的切面图，可以看到，从上至下依次有生长点、叶原基、幼叶、芽轴和芽原基等结构。现在它们抱作一团，但等到芽逐渐发育分化，生长点将会继续分裂分化为新的芽结构使芽轴不断伸长，叶原基会不断生长形成新的幼叶，幼叶会变成植株的叶了，芽轴会变成植株的茎，芽原基形成新的芽，再重复整个过程，让植株苗壮成长。

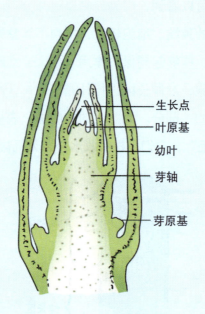

生长点
叶原基
幼叶
芽轴
芽原基

芽的结构

有了根系提供水和无机盐、有茎和叶通过光合作用将水和无机盐制造成有机物，植物获得了生命活动必需的营养物质，再通过呼吸作用产生能量供机体使用，得以维持现状和继续生长。科学家们经过长期的研究发现，植物生长需求量最多的就是含有氮、磷、钾的无机盐。所以在现代农业中，我们常听说带有这几个元素字眼的化肥，就是用来给植物额外提供这些营养物质的。缺少了氮，植株会矮小瘦弱、叶片发黄；缺少了磷，植株会特别矮小、叶片暗绿伴随紫色；缺少了钾，植株会"挺不起腰杆"，茎秆软弱不力出现倒伏，叶片边缘和尖端呈褐色，并逐渐焦枯。可见无机盐的重要性。

值得注意的是，虽然化肥的发明与使用的确提高了农作物的生产效率，但随着时间的推移，人们逐渐发现，过度使用化肥对土地、水资源都会产生不利影响。因此，现代农业中更提倡使用农家肥以及合理使用化肥，科学家们也在不断对化肥进行升级，以追求自然与经济的和谐。

◎植株的繁殖

一棵植物其实也有生老病死，跟动物一样，植物在生命过程中为了保证物种的延续也会进行繁殖。在我们的生活中，植物繁殖的"工具"被人类赋予了新的含义，下面我们一起来看看，它们究竟都是谁？

首先登场的是装点我们生活的鲜花。鲜花由花瓣、花蕊、萼片、花托、花柄等构成，其中花蕊还分为雄蕊和雌蕊：雄蕊由花药和花丝组成，花药中有花粉，花粉里有植物的精细胞；雌蕊由柱头、花柱、子房组成，其中子房里有植物的胚珠，胚珠里有卵细胞。鲜花在自然界的存在，其实是为了更好地完成传粉，让精细胞和卵细胞相遇，形成受精卵，最终在子房中发育成植物的种子，为延续种族而继续生长。传粉按植物的不同分为自花传粉和异花传粉：自花传粉就是同一朵花的花粉自产自销，比如小麦、水稻、豌豆等；异花传粉则是一朵花的花粉需要传到另一朵花的柱头才能完成精细胞和卵细胞的结合发

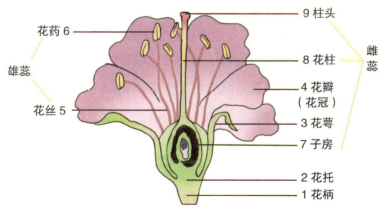

花的结构示意图

育，而花自己无法移动，就需要媒介来帮助，比如风媒花和虫媒花就是依靠风吹和蜜蜂、蝴蝶采蜜等完成传粉。其中虫媒花为了吸引虫子，有些会散发香气吸引蜜蜂、蝴蝶等虫子来采蜜，让其顺便把花粉沾到身上，再带到下一朵花上；有些则会散发臭气吸引喜欢腐烂气味的虫子帮忙传粉，比如巨魔芋。放在人类世界中，散发香气的花则成为人们装点生活的帮手，比如插花、香水、护肤品等。

第二个登场的是我们的食物：水果。其实，大多数水果是被子植物的种子，只不过这些种子的果皮肥厚多汁，成为了人类的食物，比如苹果、桃子等。当花粉中的精细胞被花粉管从花的柱头经由花柱送达子房，与胚珠里的卵细胞、极核（注意极核是绿色开花植物所特有的）融合，形成受精卵和受精极核，种子的发育历程就开始了。这时，花的使命完成并纷纷凋落，子房继续发育成果实，其中子房壁发育成果皮，胚珠发育成为种子，胚珠里的受精卵发育成胚，受精极核发育成胚乳（注意：双子叶植物的受精极核不发育，因此没有胚乳，比如菜豆种子）。

通过这样的流程，被子植物们得以延续本物种的遗传信息，在地球上一代一代地生长。

◎植株的衰老与死亡

有生存就会有凋落，植物也不例外。植株的衰老和死亡通常表现为干枯、逐渐腐朽。但是不同的植株生命周期却不同，有的生命可达几百上千年，比如故宫御花园的古树；有的生命很短，比如油麦菜等作物生长周期40天左右。衰亡的植物回归了大地，被微生物分解为无机物，为其他植物继续提供营养物质。在远古地球上，死去的植物在特殊地质条件的作用下，形成了我们今天重要的能源物质，比如煤、石油等。

看一眼
就能懂的生物学常识

种子萌发的条件

自身条件	完整的胚
	胚是活的
	种子已过休眠期
环境条件	适宜的温度
	一定的水分
	充足的空气

根尖结构

根尖位置	根尖的结构	细胞特点	细胞排列	作用
顶端	根冠	大	不太整齐	保护根尖
中部	分生区	小	紧密而较为整齐	分裂新细胞
	伸长区	逐步变大	较为整齐	继续生长为成熟区细胞
上端	成熟区	大，最外层表皮细胞有向外凸起	较为整齐	吸收水和无机盐的主要区域

芽的结构

芽的结构	对应植株的结构
生长点	不断分裂分化使芽轴伸长
叶原基	幼叶
幼叶	叶
芽轴	茎
芽原基	新的芽

开花植物受精发育对应结构

子房	果实
子房壁	果皮
胚珠	种子
受精卵	胚
受精极核	胚乳（双子叶植物不发育）

4 神奇动物在这里

——看看你都认识哪些?

如果地球上少了动物,会怎么样呢?

如果少了鸟叫虫鸣,没有了草原上骏马驰骋的英姿,没有了海洋里结队嬉戏的海豚……那地球真是太过安静、太过无聊了。

从物种进化的角度来讲,动物也许就是植物在生命进程中的一种升级版的表现形式,它们能运动,能从食物中摄取需要的营养,能适应环境,能繁衍和养育后代……下面,让我们一起来探索神奇的动物世界,看看你都认识它们中的哪些吧!

为了便于理解和记忆,我们按动物的身体结构对其进行分类,首先把它们分成两大类——无脊椎动物和脊椎动物,顾名思义,前者的身体结构里没有脊椎担当支撑,后者的身体里有脊椎作为重要支撑。然后,再按动物的身体特点进行细分,其中无脊椎动物包含:腔肠动物、扁形动物、线形动物、环节动物、软体动物、节肢动物等;脊椎动物包含:鱼类、两栖动物、爬行动物、鸟类、哺乳动物等。

腔肠动物和扁形动物

这哥俩为什么能放在一起介绍呢？因为它们有一个共性——身体只有一个口，吃和排都从这个口进行。

腔肠动物

身体结构很简单，拿水螅来举例，它的身体由内外两层细胞围成一个腔体，里面那层细胞负责吃，外面那层细胞负责保护。为了能在自然界存活下来，外层的细胞中进化出了具有攻击防御技能的刺细胞，可以对捕食者、自己的猎物进行"注射麻醉"甚至是"注射死亡"。拿另一种腔肠动物举例，大家会更熟悉，那就是水母。众所周知，绝大多数水母都是有毒的，有些看起来个头极小，但毒性却是致命的，所以令人战战兢兢。腔肠动物进食"简单粗暴"，外层细胞形成的"触手"和刺细胞对猎物进行捕捉和"麻醉"，通过口把食物吃进腔体内并通过内层细胞进行消化吸收，然后再从同一个口把残渣吐出来。还有一种腔肠动物不得不隆重介绍一下，就是珊瑚虫。珊瑚虫分泌的石灰质物质能够形成珊瑚礁。分布广、外形奇特且优美的珊瑚礁，可能让人误会它是海洋植物，但其实里面的珊瑚虫才是"正主"。珊瑚虫就在珊瑚礁的保护下生活在海里，并且它还是个"慈善家"，生产的珊瑚礁免费为海底的其他小动物提供了栖息和庇护场所。

扁形动物

身体扁扁的，除了少数能自行捕猎、自己养活自己，比如小溪里的涡虫，其他大多数都属于寄生生物，比如血吸虫、绦虫。

在过去，血吸虫病在我国肆虐，那时人们可能因为在田间劳作、喝了生水等而不小心摄入了血吸虫卵或尾蚴，导致血吸虫在身体里（主要是肝脏门静脉系统）寄生。寄生的血吸虫不仅抢走了本该人吸收的营养，并且还会造成脏器运行紊乱，所以很多患病的人瘦得皮包骨，而肚子却大得出奇，肚子里面主要是患病引起的腹水。还有绦虫，也是常见的寄生生物，比如牛肉绦虫、猪肉绦虫。绦虫寄生在家畜身体里，产生的虫卵会出现在家畜的消化道、脏器甚至肌肉里，令人惊叹的是，寄生在消化道的绦虫，甚至可以达到 20 多米长！所以需要注意的是，肉类最好是高温烹煮后再食用，否则会有被绦虫感染的风险。

看一眼必须背会的知识点

线形动物和环节动物

由于线形动物和环节动物的外形比较相似，容易混淆，所以放在一起介绍。

它俩都是"长条条"，只不过线形动物是顺滑平整的"条条"，环节动物则是像--节一节组装的"条条"。线形动物相比于前面的腔肠动物和扁形动物，身体结构升级了一点点——多一个出口，前端是口、后端是肛门。线形动物最常见的就是蛔虫，是一款不讨喜的寄生虫。很多人小时候都被蛔虫寄生过，这都是因为岁数太小，早些年对卫生方面不太讲究。蛔虫在身体里吃香喝辣，会影响小朋友的生长发育，所以医生会给小朋友吃打虫药。打虫药

会麻痹蛔虫，让它无法抓牢人体内部的脏器而"刺溜"一下随着便便被排出体外，所以人有时候吃了药会拉出有白虫子蠕动的便便，当然，也有走得慢的在人体内被消化了才排出体外的，这样就不会看见虫子蠕动了。

环节动物中人们比较熟悉的有蚯蚓和水蛭。肉眼最直观的，就是它们的身体是圆筒形，由形状相似的体节连接而成，连接处有痕迹，整体看起来就是一环一环的，所以叫"环节"动物。大家认识水蛭，就是因为它喜欢在水里、树林里，等着有人或动物经过时，附在皮肤上吸血，这实在让人感到惊慌。但是，聪明的科学家和医务工作者们发现了水蛭的这一特点，并运用在了医学临床工作上，比如，有的病人因意外造成断肢，经过手术连接后，伤口处还会有淤血，影响血液循环和恢复，这时只要用灭菌的水蛭，附在病人伤口处将淤血吸出，就能帮助病人更快恢复。

看一眼必须收藏的知识点

软体动物和节肢动物

软体动物和节肢动物一软一硬，各有特点。软体动物的身体很柔软，所以通常它们会制造一个壳作为自己的保护罩，比如蜗牛背上的"房子"、河蚌的壳等。

作为最大的动物类群，节肢动物全身披着"铠甲"，并且各个身体结构按区还分成一节一节的，可以灵活运动，仿佛每一位都是一个骑士。在节肢动物中，有一个种类占比最大，那就是昆虫。

昆虫有三大显著的基本特征：一对触角、三对足、一般有两对翅。有趣的是，有时候大家可能会认为蜘蛛也是昆虫，因为它外观很像虫，但对照特征来看就会发现，蜘蛛并不符合昆虫的特征，它属于其他的节肢动物。

看一眼就要记住的知识点

脊椎动物大合集——我们熟悉的鱼类、两栖动物、爬行动物、鸟类、哺乳动物

鹰击长空，鱼翔浅底；神龟虽寿，犹有竟时；稻花香里说丰年，听取蛙声一片……诗词里写满了对这些动物的描述，可见它们在人类生活中戏份很重呢！

据科学家推测，这几类动物可能存在着进化关联，在自然环境、遗传基因等因素的影响下，从最初的水生生物逐步向陆生生物进化，从变温动物（鱼类、两栖类、爬行类）逐步向恒温动物（鸟类、哺乳类）进化，从鳃呼吸（鱼类、两栖幼体）逐步向肺和皮肤协作呼吸（两栖类）乃至肺呼吸（爬行类、鸟类、哺乳类）进化等。

越进化，生育方式越有利于幼体存活，比如鱼类、两栖类、爬行类都是卵生，幼体出生后基本就可以自己照顾自己了。但是在弱小的时候，遭遇捕食、天灾的概率很高，死亡率高，因此为了提高存活率，母体通常产卵量很大。到鸟类、哺乳类时，鸟类虽然是卵生，但小鸟出壳后鸟爸妈会照顾其到一定年龄。而哺乳类则是胎生，让幼体在母体中获得足够的营养和保护，出生后通过哺乳获

取更直接的营养物质，并且父母也会照顾幼崽、教幼崽生存技能等，大大提升成活率，因此每期的幼体数量较少。

需要强调的是，其实我们人类也属于哺乳动物，只不过因为我们的智力、文明在地球上属于非常特别的存在，通常我们会将自身独立于动物种群来研究。

动物世界充满了神奇色彩，从外形、物种生存方式、行为特点等方面，无一不体现出大自然的鬼才设计。目前已知的动物大约有150万种，但地球之大，还有很多未知的神奇动物等待我们去探索！

看一眼就能懂的生物学常识

动物大分类

动物类群		特点	代表
无脊椎动物	腔肠动物	身体呈辐射状对称；体表有刺细胞；有口无肛	水母、海蜇
	扁形动物	身体呈两侧对称；背腹扁平；有口无肛	血吸虫、绦虫
	线形动物	身体细长，呈圆柱形；体表有角质层；有口有肛	蛔虫
	环节动物	身体呈圆筒形；由相似的体节组合而成；靠刚毛或疣足辅助运动	蚯蚓、水蛭
	软体动物	身体柔软，体表有外套膜，大多有贝壳；运动器官是足	蜗牛、河蚌

续表

动物类群		特点	代表
无脊椎动物	节肢动物	体表有坚韧的外骨骼；身体和附肢都分节	蜘蛛、蝎子
		种类占比最大的昆虫：有一对触角、三对足、一般有两对翅	蜜蜂、瓢虫
脊椎动物	鱼	生活在水中；体表常有鳞片覆盖；用鳃呼吸；通过尾、躯干、鳍协调运动游泳	青鱼、鲤鱼
	两栖动物	幼体生活在水中，用鳃呼吸；成体大多生活在陆地，也可水中游泳，用肺呼吸，皮肤可以辅助呼吸	青蛙
	爬行动物	体表覆盖角质的鳞片或甲；用肺呼吸；在陆地产卵，卵有坚韧的卵壳	乌龟、鳄鱼
	鸟	体表覆盖羽毛；前肢为翼；有喙无齿；有气囊辅助肺呼吸	鸽子、麻雀
	哺乳动物	体表被毛；胎生哺乳；牙齿有门齿、犬齿、白齿分化	猫、狗

第三章

遗传故事知多少
——我们相似又各异的原因

1 我们是自然界制造的"超级电脑"吗？

——来自遗传物质的"命令"

家里的"三花"猫咪阿花最近生了5只宝宝，小猫咪们的毛色有黄白相间的、有黄黑相间的、有黑白相间的、有三色相间的……虽然毛色不同，可是小猫咪们都像是缩小版的阿花。自然界里的动物们也是这样，幼崽们的构造都和爸妈一样，只是在毛色等细节上彼此有些差异，这是为什么呢？

人类对自己及世间万物从何而来从未停止过思考和探索。在古代，人们曾认为是女娲用泥创造了人类和动物，并且相信生命在不断地轮回，他们将成为什么样的人或动物取决于现在的行为是善还是恶。在科学探索的路上，经过不断的研究，人们逐渐发现，生命可能源于原始地球的环境因素相互"碰撞"；也逐渐发现，生命是有限的，而生命的传承依靠的是遗传物质。

地球上的绝大多数生物都是靠遗传物质来指挥自身的生长、新陈代谢以及规划下一代该怎么生长的。对于细胞生物，遗传物质主要是DNA分子。DNA分子上有数以万计的基因片段，每一个片段决定了生物的某个性状，比如猫咪的毛色、眼珠的颜色等。

看一眼必须收藏的知识点

性状是什么

所谓"性状"，就是指生物体的形态结构、生理特征、行为特征等。同一种生物在同一个性状上可能会出现不同的表现，比如人的发色是金色还是黑色、人有没有耳垂、西瓜瓤是红是黄等，我们称它们为"相对性状"。

每一株植物从单细胞个体或孢子或种子开始发育生长，每一个动物从出生开始长大，到今后长成什么样子，都依照基因的"命令"来搭建结构。这样来看，生命是不是像一台台"超级电脑"，执行着基因下达的一个个代码指令，完成一个又一个的程序任务呢？那么，"超级电脑"们都是怎么具体执行基因代码指令的呢？

以真核细胞为例。首先，要搞清楚遗传物质的构成。基因在细胞里的遗传物质DNA分子上，DNA分子是长长的链状结构，像螺旋形的楼梯一样盘旋着。DNA分子和蛋白质分子一起，构成了染色体，染色体成对"盘踞"在细胞核中。所以，细胞核里有多对染色体，染色体里有DNA分子，DNA分子上有很多基因片段，基因片段决定对应的生物性状。

其次，要知道每一段基因的指令是固定的。也就是说，只要指令不被一些影响因素破坏（比如外部放射性物质严重辐射造成基因断裂或损坏等），那么生物体每一次都会执行相同的操作，即每个基因片段对应负责一项工作内容。生物细胞经过分化（岗位分工）后，每一

类细胞就按照遗传物质的要求做自己的那份工作：皮肤细胞一直做皮肤的新陈代谢、脑细胞一直完成主观感知和控制中枢的工作、有性繁殖的性细胞按部就班地由正常染色体数分裂减半后再与异性性细胞结合形成受精卵进而发育成新个体……

　　现在我们来了解基因代码指令如何落实。经过科学研究发现，生物是通过对基因指令进行"翻译"来完成对应的工作内容的。DNA分子就是模板，在RNA聚合酶的帮助下，DNA的内容被"转录"成一条条mRNA链（mRNA可以看作是信息的"快递员"），然后从细胞核被运送到细胞质里，再由核糖体对mRNA的信息进行"翻译"。"翻译"的原理就是mRNA上的每段不同信息的位点（含氮碱基组合，称为"密码子"）只能与对应的含氮碱基组合（转运RNA上的"反密码子"）结合，结合成功的"反密码子"一段段连接在一起，就组合成了这条mRNA所要表达的"指令"，即一种蛋白质。不同的DNA分子表达不同的命令，共同协作来完成生命体的各项工作。

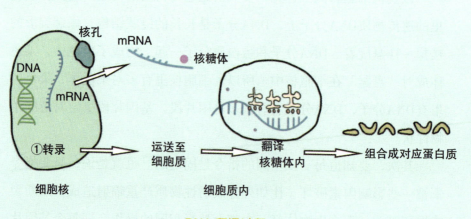

DNA 翻译过程

现在你知道为什么猫咪阿花的宝宝也是猫咪了吧？当然，它们毛色的差异来自另一层因素，那就是来自父母双方的遗传物质的表达，我们稍后一起来探索其中的奥秘吧！

看一眼
就能懂的生物学常识

遗传物质的关系

名称	位置
染色体	细胞核
DNA	染色体上
基因	DNA 上

真核细胞 DNA 信息转录翻译过程

第1步	信使 RNA（mRNA）在聚合酶作用下转录 DNA 信息
第2步	mRNA 移动至细胞质
第3步	核糖体"翻译"mRNA 信息，与转运 RNA（tRNA）所带氨基酸形成组合

2 爸妈都是双眼皮，我会是单眼皮吗？

猜猜看，如果爸爸妈妈都是双眼皮，他们的孩子会是单眼皮吗？如果爸爸妈妈中有一个是自来卷，那孩子会是直发还是自来卷呢？如果爸爸妈妈都是自来卷呢？

看一眼就要记住的知识点

孟德尔豌豆杂交实验

19世纪，有一位名叫孟德尔的奥地利修道士，他从小酷爱自然科学和数学。他从豌豆的相对性状及杂交实验中发现了关于遗传的规律，即相对性状存在显性和隐性之分，而控制相对性状的基因也有显性和隐性之分，体细胞中的基因成对存在，但形成配子（生殖细胞）时，成对基因一分为二，分别进入两个不同的配子中，并在子一代中体现出对应的相对性状。孟德尔通过将具有明显相对性状的纯种豌豆进行人工传粉杂交（比如高茎豌豆和矮茎豌豆、绿种豌豆和黄种豌豆、种皮光滑和种皮皱缩的豌豆等），得到了表现出其中一类相对性状的豌豆子一代，甚至另一类相对性状的豌豆子二代，由此得出显性隐性基因结论。因为这个研究发现，遗传科学有了新的发展，孟德尔也被称为"现代遗传学之父"。

那么这个故事跟单双眼皮、直发卷发又有什么关系呢？原来，双眼皮、直发就是由显性基因决定的，而单眼皮、卷发则是由隐性基因决定的。

所谓显性性状，就是具有相对性状的两个纯种个体结合后的下一代所表现出来的性状（比如豌豆高茎），而没有表现出来的性状就叫作隐性性状（比如豌豆矮茎）。

习惯上，人们将显性基因用大写字母表示，隐性基因用小写字母表示。拿眼皮层数性状来举例，我们用A表示双眼皮基因，a表示单眼皮基因。正常的体细胞中遗传物质是成对存在的，当决定眼皮的基因是AA或Aa时，这个人一定是双眼皮，只有基因是aa时，才会是单眼皮。

那么问题来了，爸爸妈妈都是双眼皮，孩子有没有可能是单眼皮呢？是有可能的！当爸爸妈妈的眼皮基因都是Aa时，他们都表现为双眼皮，而他们的配子有A和a两种。当两个配子都是a的时候，孩子就是单眼皮，只不过概率比是双眼皮低一些，毕竟如果配子组合是AA或Aa，孩子都会是双眼皮。

下面我们再来讨论一下直发卷发问题。直发基因我们用B表示，卷发基因用b表示。如果爸爸和妈妈有一个是卷发，那么卷发基因就是bb，另一个直发的基因可能是BB或Bb。那么孩子会有直发吗？是可

能的，比如爸爸妈妈中直发那位基因是BB，只有一种配子组合Bb，孩子一定就是直发；而如果直发那位基因是Bb，那么孩子就有一半机会是直发，一半机会是卷发。再来看看，如果爸妈都是卷发，孩子会是直发吗？一定不会，因为爸妈的基因都是bb，配子没有B基因。

我们还能找到很多相对性状基因的表现，有些只是对外形形成差异，比如虹膜颜色（眼珠颜色表现），而有些却可能造成生理功能的缺失，比如红绿色盲为隐性基因表达，会造成无法分辨红绿色，看不到红绿灯的变化。

看一眼必须收藏的知识点

关于禁止近亲结婚

为了降低某些影响人类正常生命活动的隐性基因表现的概率，就需要控制持有该类基因人群的相互通婚概率。比如，有某类家族基因遗传病的家庭，如果近亲结婚，后代得病的概率就会增加。从古时候开始，一些地区就通过建立道德规范来限制近亲结婚，当然受到科技和认知局限，其建立规范的目的可能仅仅是一种礼法需要而不是后代的健康，但客观上能达到降低基因遗传病的概率的目的。但这仅仅是道德规范并不能对近亲结婚强制控制，比如古时候中国因为"男尊女卑"的封建认知，觉得女儿出嫁就是别家的人了，所以认为表亲就可以通婚。如《红楼梦》中的贾宝玉和薛宝钗，他们俩的母亲是亲姐妹，他们俩就是表姐弟，但他们俩结婚就被认为是正常的。同时，古时候一些地区却认为，为保证皇家及贵族血统的纯正，应该皇家及贵族内部通婚。比如埃及女法老克利奥帕特拉七世为了巩固政权嫁给了自己的弟弟，古罗马时期皇族内部通婚导致后代遗传疾病、痴呆等概率变高等。现在，我国婚姻法明确规定直系血亲和三代以内旁系血亲禁止结婚，就是对此做出强制要求，以提高优生优育的成效。

看一眼
就能懂的生物学常识

人类基因显性隐性性状举例

相对性状案例	显性性状	隐性性状
红绿色盲基因	正常视力	无法分辨红绿色
头发性状	直发	卷发
舌头性状	可卷舌	无法卷舌
眼睑	双眼皮	单眼皮

3 斯芬克斯猫

——基因变异在人类世界的应用

你知道无毛猫这种宠物吗？这种猫咪因为外表不像其他猫咪一样毛茸茸，仅在耳后、鼻子、腰臀等区域有少量绒毛，所以被称为"无毛猫"。外表的独具一格，也让它们被叫作"斯芬克斯猫"，意即其外表如同古埃及神话中的怪物斯芬克斯一样不寻常。那么无毛猫是怎么来的呢？这就不得不提到"基因变异"这个概念了。

大家应该见过同一种类但颜色不同的菊花以及造型各异的金鱼吧！它们体现的是生物性状的变异。在自然界中，这样的现象还有很多很多，而引起生物性状变异的因素，既有遗传物质，也有环境。其中，只有影响到生物的遗传物质，才会让这类变异在生物繁衍过程中保留下来，形成生物性状的多样性。而无毛猫，就是猫咪在繁衍过程中，由遗传物质变异（基因变异）产生的，之后在人为选择的繁育下，数目逐渐增多，并成为宠物市场中的宠儿。

前面我们提到了基因的显性性状和隐性性状。以无毛猫为例，在自然繁衍过程中，无毛猫因基因变异而产生，而导致"无毛"性状的基因其实是隐性基因。因为人们发现，如果无毛猫与有毛猫结合，产下的小猫几乎都是有毛的，只有两只无毛猫结合产下的小猫，才大概率（排除基因不稳定等小概率因素）都是无毛的。无毛猫繁育者们利用了这一特点，通过父母代均为无毛猫进行子一代繁育，将无毛猫"无毛"性状这一基因变异运用到了市场供求中。

将生物基因变异运用到实际生活生产中的例子还有很多，比如利用高产易倒伏小麦和低产抗倒伏小麦杂交培育出高产抗倒伏小麦，用经过太空漫游后受到过宇宙辐射而基因变异的普通甜椒种子选育果实更大、营养元素含量更高的太空椒等。其中，最具划时代意义的，要数袁隆平院士的杂交水稻了。袁隆平院士和他的助手们经过多年的刻苦研究，从常规水稻、自然野生水稻中选种、培育、研究性状、再选择培育等，培育出了多个高产优质杂交水稻新品种。袁隆平院士和他的团队培育的超级杂交水稻品种，在基因测序工作中还被作为样本，经检测，超级杂交水稻融合了水稻的多种优质性状基因。这说明，杂交水稻将基因技术很好地运用到了造福人类上。

那么，基因变异一定就是优质、有利的吗？当然不全是，事物都有两面性，基因变异也有很多不利于生物生存的性状表现，甚至可以说，不利因素其实占到了绝大多数。

比如，右边这个动物被戏称为"卡西莫多犬"，因为样貌就如同《巴黎圣母院》中有先天畸形的"钟楼怪人"卡西莫多一样怪异而得名。其实，这是一种隐性基因造成的先天不足——短脊椎综合征，"卡西莫多犬"出生时脊椎就不像正常犬只的一样，所以外形上就像是头被塞进了躯干里。

关于自然选择与"人选"

    根据自然选择学说的理论，在生物进化过程中，由于环境因素等影响，因基因变异造成的生物性状改变，如果不利于生物在自然界生存，那么它活下来的可能性就很小，留下的后代也更少，逐渐被自然界淘汰。这虽然残酷，但客观上却是让物种向更强、更具适应性的方向发展。上述的"卡西莫多犬"，如果放在野外生存，它们身体的畸形就会不利于其自主捕食，使之竞争不过同类健康犬，它们就可能被活活饿死。然而，在人类社会中有人会为了市场需求而故意繁育具有明显基因缺陷的动物牟利。因为小部分市场觉得"卡西莫多犬"样貌奇特"可爱"，个别繁育者就会特意挑选这类犬种进行繁育。但实际上，对于狗狗而言，这样的缺陷对于其生活是很不便利的。这也再次证明了优生优育的科学性。

看一眼
就能懂的生物学常识

生物性状的变异

影响因素	变异影响范围
遗传物质	可遗传至后代
环境	仅影响本体，不可遗传

4 我怎么看起来又像爸爸、又像妈妈？

　　如果谁家新添了小宝宝，一般亲朋好友就会问，生的是男宝宝还是女宝宝；看到父母带着小孩，亲朋邻里可能会说诸如"孩子的眼睛真像妈妈"或者"样子跟爸爸像一个模子刻出来的"之类的话。那么，这究竟又是为什么呢？

　　在脊椎动物和部分无脊椎动物中，性别基本分为了两类，雄性和雌性，人类社会中性别分为男性和女性。我们以人类为例来谈一谈性别的划分和遗传的特点吧！

看一眼必须背会的知识点

性别的划分

　　人类的细胞核里包含了 23 对染色体，里面的遗传物质蕴含了人类所有性状的信息。1902 年，科学家们在研究中发现男性体细胞中有一对染色体与别的染色体具有较大的形态差别，且与性别有关，于是将它们称为"性染色体"。这对染色体，一条被称为 X 染色体，

另一条被称为 Y 染色体,男性体细胞会同时拥有 X 和 Y 两种染色体,而女性体细胞仅拥有 X 染色体。男女生理结构的差异由此遗传物质产生。

在人类繁衍中,子一代的遗传物质由父母双方提供。那么问题来了,如果双方都提供自己全套的遗传物质,也就是 23 对染色体,那孩子不就变成 46 对染色体了吗?那么同物种繁衍规律就不成立了吗?所以在繁衍中,父母双方的遗传物质一定不是全盘相结合的,而是通过某种方式进行了"筛选",仅保留了 23 对染色体。对于这个问题,比利时科学家比耐登在 1883 年就进行了研究。他通过观察发现,体细胞仅有 2 对染色体(即 4 条染色体)的马蛔虫,其精子和卵细胞都分别只有 2 条染色体,而受精卵恢复到 2 对染色体。而后,科学家们经过进一步研究发现,在形成精子或卵细胞的过程中,生物的每一对染色体都会分开,只有其中一条进入到精子或卵细胞中。也就是说,每个孩子的遗传物质,一半来自爸爸,一半来自妈妈。

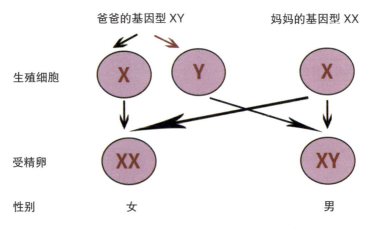

遗传基因分配

那么为什么有的宝宝是男孩，有的是女孩呢？其实人的性别从受精卵形成的那一刻就已经确定了。前面说过，性别由性染色体 X 和 Y 决定。如果含有 Y 染色体，就一定是男性，而 Y 染色体只来自爸爸。所以，当性细胞（精子和卵细胞）形成时，（一对）性染色体分成了两条，分别进入两个性细胞中。卵细胞里的性染色体都是 X，如果含有 X 染色体的精子与卵细胞结合，形成的受精卵的性染色体是 XX，就会发育成女宝宝；如果含有 Y 染色体的精子与卵细胞结合，形成的受精卵的性染色体是 XY，就会发育成男宝宝。这里还可以看出，生男生女的机会是均等的。

看一眼必须收藏的知识点

性状的遗传

现在我们来探索一下为什么我们跟爸妈的样貌很像吧！前面说到，人类体细胞总共是 23 对染色体，控制着人类的所有性状表现，每一对染色体的等位基因控制的都是同一个性状。比如头发的曲直，假如一个人是直发，他的爸爸是直发、妈妈是卷发，直发是显性性状。决定他头发曲直性状的基因分别在一对染色体的同一个段位上。他的一条染色体上一定带直发基因且来自他的爸爸，另一条染色体同等位置上带卷发基因且来自他的妈妈（因为妈妈没有直发基因，才会表现出卷发性状）。同理，一个人的所有性状表现都是这样从父母的遗传物质中"继承而来"，而对外

表现是什么样子，则按照显性和隐性的规则来呈现，所以有时候我们觉得自己眉眼像爸爸、嘴巴像妈妈，或者身高"继承"自爸爸等。

当然，也会有这样一种现象，就是同卵双生的双胞胎，出生以后仅在某些细微性状上有一些差异，或者在成长过程中，逐渐表现出不同性状来，这就不得不说到另一些影响因素了。第一是来自母亲的基因影响。要知道，受精卵是精子进入卵细胞以后形成的。也就是说，生物胚胎是在卵细胞的细胞环境中逐步分裂、分化而来的。而我们在细胞篇曾经探讨过，细胞质里是含有DNA的。这些DNA可以进行"细胞质遗传"（也称为"非孟德尔遗传""核外遗传"），所以当受精卵分裂成两个细胞分别发育时（同卵双生），受精卵细胞质里的DNA一部分分给了宝宝A，一部分分给了宝宝B，那么他们在某些性状上就具有了独特性。第二是来自环境的影响。如果将一对双胞胎分开，他们所处的地理环境、生活环境的不同，会对他们产生非遗传性的性状影响。比如光照，日照强度高地区的那个人皮肤会比日照强度低地区的更粗糙、泛红一些。

看一眼
就能懂的生物学常识

人类性染色体

	X 染色体	Y 染色体
女性	√	×
男性	√	√

人类性染色体的遗传

来源	性细胞分类	性染色体分类	子代性染色体组合	子代性别
父方 XY	精子	X	XX	女
		Y	XY	男
母方 XX	卵细胞	X	XX	女
		X	XY	男

5

不同物种间会有后代吗?

在本章关于遗传的探索之旅中，我们知道了有性繁殖是雌雄双方的性细胞结合产生后代，是双方各贡献一半的遗传物质。但是，如果雌雄双方来自不同的物种，它们会产生后代吗? 如果是物种相近的动物呢?

从我国古代到近现代，有一种动物一直是人力农耕时期的好帮手，它身材健硕、价格合理、吃苦耐劳，是农户们喜欢的家畜之一，它就是骡子。骡子跟马、驴长得很像，体型介于二者之间。在农业社会中以农耕为主业的地区，它是许许多多农户家中必备的帮手。可是，骡子们仅能为农户们贡献自己这一代的力量，不能为农户们产出下一代。为什么呢? 因为骡子并非"原厂设定"的生物品种，它们其实是马和驴交配产下的后代。

那么，既然骡子存在于世，是不是证明不同物种之间也可以繁育后代呢? 并不是，或者说在对繁殖进行严格定义的情况下并不是。虽然骡子是确确实实存在的动物，但是由于它们的遗传物质一半来自马、一半来自驴，而马和驴的性细胞基因组合在一块儿后，形成的骡子的染色体总数是单数。也就是说，骡子的遗传物质不能够再做"平分"了，也就不能实现有效的性细胞的产出，后代便无从谈起。另一个例子就是狮子与老虎交配产生的后代——狮虎兽，它们的染色体也是同样的情况，因此尽管狮虎兽能够生存，却也不会有后代。

为什么骡子、狮虎兽能够存在，其他的物种就不一定能实现异类物种产出后代呢？其实那是因为马和驴、狮子和老虎在远古时代的祖先是同一种群，它们的基因有相似之处，所以才能够侥幸产下"后代"。实际上，自然界中存在着"生殖隔离"，这阻止了不同物种或相近种群间的"通婚"，也在客观上避免了物种大混乱。

看一眼就要记住的知识点

生殖隔离

生殖隔离就是指由于多方面因素影响，使得亲缘关系相近的种群在自然条件下不交配，或者即使交配也不能产生后代，或者即使能产生后代但后代也无生育能力的一种自然机制。由于生殖隔离的存在，地球上的生物才保持着多样性、自然优选性，不断适应环境的考验，实现进化，而地球生物圈也在生物多样性中保持着动态平衡。

值得思考的是，相近种群之间产出"后代"，是人类在历史发展进程中的偶然发现，并且结合实际生活来加以运用。比如，骡子就是农家的主要劳动力，因为它比驴的体型更大、更强壮，价格比马便宜，是帮助农家驮运物资等的好帮手。它甚至都有自己的名字"骡子"。尽管它们不能产育后代，但不影响农户对它们的需要，因为农

耕社会，最需要的就是基础劳动力。但是，在现代社会的科学研究中，在基于伦理道德、避免基因污染、优生优育等多重因素的影响下，人类也会主观规避对生殖隔离的破坏，或者严格保证相关实验的密闭性，以免对自然环境和生物圈平衡造成破坏。

看一眼
就能懂的生物学常识

生殖隔离中的一些特例

物种1	物种2	后代	后代是否有生育能力
马	驴	骡子	无
狮子	老虎	狮虎兽	无

第四章

我们需要"充电"
——关于人体营养工厂的探索

1

身体健康运转的"武功秘籍"

汽车行驶需要汽油或电池提供能量产生动力，火箭升空需要燃料燃烧转化动能，电脑、手机、电冰箱需要电能提供运行能源……不仅人造的机器设备如此，自然界的生物们其实也需要"充电"。在探究植物的光合作用时，我们知道了植物会从泥土里汲取水和无机盐、从空气中吸收二氧化碳，在光和酶的作用下，生产出有机物和氧气，为植物的生命活动提供必需的"燃料"。

我们的人体也是这样，需要汲取"原料"（营养物质），通过身体的消化系统对"原料"进行加工（消化）、运输、吸收，再由每个细胞把加工后的营养物质通过呼吸作用等进行分解利用，产生人体正常活动所必需的能量。人类是杂食性的高等哺乳类动物，我们"充电"所需要的营养物质可以来自动物，也可以来源于植物。

现代社会中，在生物、农林、营养等多个学科领域快速发展的加持下，食物的种类越来越多、品质越来越好、产量也越来越高。有的食物来自土地，比如蔬菜、水果；有的食物来自饲养，比如肉、蛋、奶；有的食物来自水域，比如海鲜、河鱼等。虽然食物的种类样貌各有千秋，但我们从中汲取的主要成分大致可以划分为六大类——蛋白质、糖类、脂肪、维生素、无机盐、水。

小时候家里大人会告诉我们，挑食容易不长个儿。其实，这就是因为食物多样性可以保障我们人体吸收到尽可能多种类的营养物质。如果挑食，饮食结构单一化，六大主要营养成分和微量元素吸收不足，就无法让需要这些成分的生命活动得到保障。比如儿童正在发育期，如果挑食，成长中的骨骼、肌肉等身体结构的发育就会受到不利影响，甚至可能因为缺乏合成生长激素的原料导致儿童瘦弱、矮小等。

看一眼必须收藏的知识点

一些不友好的食物"替身"

要让人体健康地运转，在食物方面，最简单的"武功秘籍"就是不挑食，保证食物多样性，尽可能不摄取含有不友好食品添加剂的精加工食物。现在社会处于信息高速发展的时代，大家追求"快"，所以对餐饮行业出餐速度的要求越来越苛刻，甚至有时候速度对于餐饮行业的生产方和运送方都是纳入"考核"的。然而，一些商家为了降低成本、提高速度，却罔顾食品安全，开始用一些"伪高科技"产品代替天然食材或调料来制作食物。比如用汤膏模拟肉汤的质感和味道，用水冲粉快速成型代替费时费力的手工制作，用劣质原料并添加重口味的调料来掩盖原料的问题，等等。长期食用此类食物，会造成人体的营养缺失、废料增加，人体也容易出现亚健康状态甚至疾病。

有一门学科叫作营养学，是专门研究机体代谢和食物营养素之间关系的学科。人类对食物成分及其对人体影响的研究甚至可

以追溯到数千年前，比如中国的神农尝百草。现代营养学通过对机体代谢的流程进行细分研究，对食物的营养成分进行细化分类研究，目前，人们对每项营养成分对应的功能、原理、作用场所等都有了更深入的了解和发现，也为人体健康运行、相关疾病的治疗起到了辅助作用，比如营养补剂的发明和市场化应用。

接下来，我们要一起去参观营养工厂，了解人体从食物中获取的主要营养成分都是什么样的。

看一眼
就能懂的生物学常识

食物中的主要营养物质

名称	主要作用
蛋白质	细胞组成成分，可提供能量
糖类	细胞组成成分，主要供能物质
脂肪	细胞组成成分，备用能源
维生素	需求量微小，但在机体各处都发挥作用，如皮肤、血液、神经等
无机盐	为塑造身体结构、保持内环境平衡等提供支持
水	为生命活动提供原料和液态环境

2

蛋白与蛋白质是亲戚吗?

蛋类在我们的生活中是一类重要的食物来源,无论是水煮蛋、煎蛋、咸蛋,还是制作蛋糕、蛋挞等点心,都少不了它。蛋类由卵壳、卵壳膜、卵白、卵黄等主要结构构成。通俗地说,卵壳就是蛋外面那层硬壳,卵白就是我们吃水煮蛋时看到的蛋清(蛋白),卵黄就是蛋黄。那么,连名字都那么相像的蛋白和营养物质蛋白质是亲戚吗?

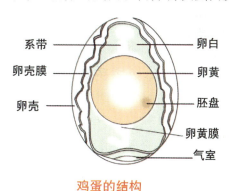

系带　　　　　　　　　　卵白
卵壳膜　　　　　　　　　卵黄
卵壳　　　　　　　　　　胚盘
　　　　　　　　　　　　卵黄膜
　　　　　　　　　　　　气室

鸡蛋的结构

其实,蛋白质是蛋白的主要成分,也是蛋黄的主要成分,它们应该类似于包含关系,可以说蛋白质就是蛋白、蛋黄搭建的主要原料。所以小时候大人们会要求我们早餐得吃个鸡蛋,补充蛋白质。

蛋白质本身是一种大型的分子,基本单位是氨基酸。它不仅是细胞的

主要成分，还能够建造、修复身体，对人的生长发育、细胞的修复更新起到至关重要的作用。几乎可以说，没有蛋白质，就没有生命。

之前我们了解到细胞核中DNA的转录翻译，其实翻译出来的产物就是多肽。两个或两个以上氨基酸通过脱水缩合方式组成一个"肽"，多个"肽"进行多级折叠，就组成了一个蛋白质分子。人体的蛋白质的制造和构建就是在DNA的引导下完成的。

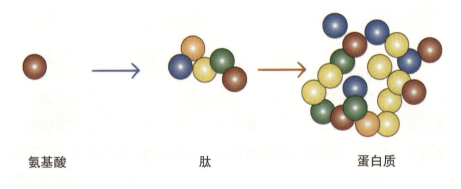

氨基酸　　　　　　　　肽　　　　　　　　蛋白质

看一眼就要记住的知识点

人体必需的氨基酸

当然也有人体不能自制的蛋白质种类，这就需要从外界食物中摄取。由于蛋白质是大分子，不能直接进入人体细胞，食物中的蛋白质就需要在消化系统中被水解为氨基酸，再被人体吸收利用。一个成人必须从食物中摄取的氨基酸共有 8 种，分别是：赖氨酸、甲硫氨酸、亮氨酸、异亮氨酸、苏氨酸、缬氨酸、色氨酸、苯丙氨酸。若是摄取量不足，人体的正常生命活动就会受到影响，可见饮食多样性的重要性。

蛋白质主要由碳、氢、氧、氮等必要元素组成，有些蛋白质还含有磷、硫、铁、锌、铜等元素。不同成分和构造的蛋白质功能也不同。比如我们的指甲，由"角蛋白"构成，其性质相对坚硬，能够让我们用来剥离物体；血液中的血红蛋白能够与氧气结合并将氧气运输到身体各处，用于生命活动等。

对于蛋白质的理解，我们应该站在科学研究的角度来认识，因为在自然界中，蛋白质并不都是完全有利于人的，但其存在的意义也是自然平衡的一部分。比如，一些蛇类是有毒的，蛇通过咬住猎物或对手并趁机将毒液从毒腺释放到对方伤口处，让毒液进入对方的血液循环，导致对方中毒麻痹甚至死亡，以此完成猎物捕食或自我保护。这里的蛇毒，其主要成分就是毒性蛋白质。不过，在现代科学中，蛇毒也具有很高的药用价值，被运用在医学医疗的研究上，人们利用其特性可以攻克某些疾病。

 看一眼必须收藏的知识点

蛋白质"变性"

蛋白质在遇到一些因素影响时，会发生"变性"，即性质发生改变，由原本的物理性状变为凝结状态，且过程不可逆转。影响因素一是物理因素，比如加热、加压、振荡或搅拌等；二是化学因素，比如酸碱、重金属、某些化学制剂等。我们最常见的蛋白质变性就是水煮鸡蛋，生鸡蛋的蛋白蛋黄具有一定的流动性和黏稠性，一旦煮熟，蛋白会凝结由透明变为白色，蛋黄呈现绵软质地。我们已经知道蛋白质需要消化水解为氨基酸才能被人体吸

收，所以经过加热的食物，更容易被消化系统"加工处理"，能更好地被吸收。

值得注意的是，利用好蛋白质变性的特征，有时候能够救命。比如，某些情况下不慎饮下有毒物质，如果该有毒物质的性质是能够促使蛋白质变性的（比如酸碱、重金属等），在紧急情况下可以大量饮用牛奶等富含蛋白质的饮料，让其中的蛋白质与有毒物质进行反应，从而避免有毒物质与人体的组织反应引起中毒。不过，这只是紧急情况下的初步处理方式。在日常生活中，大家一是一定要注意饮食，避免摄入不明来历不明成分的饮食；二是如果不慎摄入，必须立即前往医院治疗。

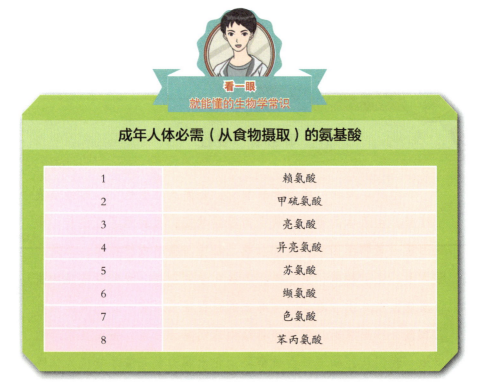

看一眼
就能懂的生物学常识

成年人体必需（从食物摄取）的氨基酸

1	赖氨酸
2	甲硫氨酸
3	亮氨酸
4	异亮氨酸
5	苏氨酸
6	缬氨酸
7	色氨酸
8	苯丙氨酸

3 甜蜜的味道和负担
——关于糖的甜心世界

人们喜欢用"甜蜜""甜美"向形容快乐幸福的情绪，甜点带来的感官，能够缓解人们低落的情绪。而"甜"这个味道，就来自糖。

说起糖，大家第一个会想到的是什么呢？是糖果、白糖、冰糖、红糖，还是棉花糖？其实，它们都是人工生产出来的糖。但糖的概念，远比这些还要广泛。

看一眼就要记住的知识点

糖的分类

糖类物质是自然界中生命体的基本构成要素，比如糖是构成组织的重要物质，也能发挥修复肝脏的作用。自然界的糖有很多种类，按照结构的不同，可以分为单糖、双糖、多糖。单糖是不能再被水解成更小糖类的分子，常见的有葡萄糖、果糖；双糖由两个单糖分子结合而成，常见的有麦芽糖、乳糖、蔗糖等；多糖则是可以分解为多个分子单糖的糖类，比如淀粉、肝糖原等。

在人类文明数千年的历史中，通过对自然界物质的研究，人们逐渐掌握了人工制糖的技术，从植物当中提取出各类的糖，用于生活生产当中。我们日常最常用的有白糖、红糖、冰糖，它们其实都是从甘蔗等作物中提取出来的，只是在工艺流程上有所差异。糖在生活中是为食物调味的好帮手，无论是烹饪中与酸、辣相融合形成独特的风味，还是在甜点中扮演重要的角色，糖带来的甜味都能够让人心情愉悦、口腹满足。

那么，糖在人体中又是如何发挥作用的呢？第一，糖类对人体来说是重要的供能物质，为人体的正常生命活动提供足够的支持。这里并不是指我们把糖果当饭吃。糖类的形式很多，我们吃的主食，比如米面，主要成分就是淀粉（一种多糖）。我们吃的水果，含有果糖，也是一种糖。但是，人体能直接吸收的糖类一般是单糖，其他的糖类必须经过消化系统的转化变为单糖，才能被吸收利用。食物中的糖类物质在消化液的作用下分解为单糖，通过消化道吸收进入血液，并被运送至全身各处，进行分解和合成代谢，为生命活动供能。第二，糖类可作为身体组织的组成部分去发挥建立、完善和修复功能。比如细胞里的核糖是细胞的一部分、糖类对肝脏的修复等。第三，糖类可作为细胞间、生物分子间的识别"钥匙"。比如细胞膜表面上的糖分子，可以让细胞间相互识别身份，还能够相互"通信"。

虽然糖类物质对人体是不可或缺的营养要素，但同时糖类过剩也对身体健康造成了困扰。人体是一个处于动态平衡状态的机体，人体中的血糖通过外界摄入、激素（胰岛素）控量、存储备用等机制达到利用和平衡。但是，随着社会的发展，饮食种类越来越丰富，人造食物层出不穷，血糖也开始突破平衡。长时间过量摄入高糖，会导致糖尿病、血管脆化等多种疾病，严重危害身体健康。在这样的背景下，代糖应运而生。顾名思义，代糖就是要代替糖的地位，它们是一类食品添加剂、甜味剂，在口感上提供"甜"的效果，但结构却不是糖，以此骗过身体对糖的过量需求（主要是馋）。常见的代糖有阿斯巴甜、甜蜜素、赤藓糖醇、木糖醇等。然而，代糖是否存在潜在的健康隐患，仍然有待进一步研究。所以，从根本上还是应该重视糖的摄取量，而不是用各种方法尽量满足味觉的欲望。

**看一眼
就能懂的生物学常识**

糖的分类

结构	实例
单糖	葡萄糖、果糖
双糖	麦芽糖、乳糖、蔗糖
多糖	淀粉、肝糖原

4

亦敌亦友的脂肪

　　说起脂肪，大家可能会联想到"肥胖""减肥""富贵病""反式脂肪酸"等现代社会流行词。甚至一度人们会"谈脂色变"。其实，如果你深入了解脂肪这个物质，你可能会有不一样的理解。

　　人体的脂质有脂肪、磷脂、固醇等。

　　脂肪是由1分子的甘油和3分子的脂肪酸脱水缩合而成的酯。根据脂肪酸的不同，脂肪的性质和特点也不同。按分布区域，人体的脂肪主要分布在皮下和内脏，称为"皮下脂肪"和"内脏脂肪"，存储在脂肪细胞中。根据外观的不同，脂肪还分为白色脂肪和褐色（棕色）脂肪。其中白色脂肪总量高于褐色脂肪，皮下脂肪和内脏脂肪主要就是白色脂肪；而褐色脂肪主要分布在人体的肩胛骨间、颈背部、腋窝、肾脏周围，褐色脂肪细胞中含有很多线粒体和大量脂肪小滴，在近年来的研究中，被认为具有产热的作用。

　　你可千万别小看了这些脂肪，它们对人体可是有重要作用的。首先，脂肪是对人体多余能量的储存。当人体摄入的营养物质超过当前身体的需求量时，血液中的糖会转化为脂肪存储起来备用，这是自然界中生物在长久的进化过程中建立起来的自我保护机制。当食物不足，血液中血糖不足以供应人体正常生命活动需求时，脂肪就会被重新转化，为身体提供能量。**其次，脂肪可以起到对器官的支撑及减震作用。**比如我们的眼球、内脏等器官，周围都会有一些脂肪作为辅助支撑，如果没有了脂肪，眼球可能会不小心从眼眶里掉出来，内脏可能相互玩"碰碰车"影响机能或者受到损失。**再次，脂肪可以起到保温的作用。**在寒冷的北极、南极，北极熊身材魁梧，企鹅圆圆滚滚，它们的皮下都有着厚厚的脂肪帮助它们御寒，不然在极地零下几十度的气温下，动物们是很难存活下来的。**最后，脂肪也参与机体的代谢活动、协助一些脂溶性维生素等营养素的吸收。**

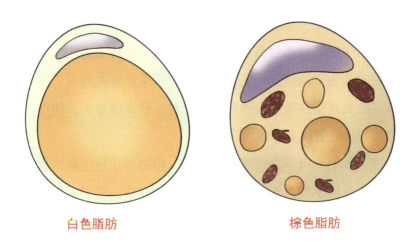

白色脂肪　　　　　　　　　棕色脂肪

磷脂则是构建人体细胞的细胞膜及内部一些细胞器的膜的重要成分。也许大家有听过"卵磷脂""脑磷脂"这类名词，因为在人和动物的卵细胞、脑细胞中就含有丰富的磷脂。

固醇作为人体脂质中的一种，包含很多不同的类别，常见的有胆固醇、性激素等。其中，胆固醇也是动物细胞膜的重要成分，还能参与血液里脂质的运输工作；但胆固醇过高，则容易引发心脑血管疾

病。性激素能够促进人的生殖系统发育。

谈到脂肪，人们往往会联想到人体脂肪堆积发胖、心脑血管疾病等问题。其实，在自然形成的人体机制中，对于食物的摄入，人体是会通过感官提醒摄入量是否过剩。比如，食用肉类或油类食物过多会感到腻，就不想继续吃了，这就是身体在提醒摄入量已经够了。

然而，一些人造的物质却无法让身体有效识别和提醒是否过量，甚至无法代谢。比如，人类发明了油糖混合类的食物，就是将油脂和糖类按比例混合制作食物，比如薯片、炸糕等，很多人都觉得好吃，却也很容易吃过量，导致身体血糖和脂类物质增加，多余的血糖就转化为脂肪。常见的问题就是脂肪肝等疾病。再比如油脂氢化技术，可以让油脂不易变质，呈现更多形态，味道也更适口，如植物性奶油、植脂末（用于一些冲调饮品，使得更易冲调不结块）。在发明之初，它们还被宣传为"纯植物、更健康"，但后来经研究发现，氢化油脂含有较多的反式脂肪酸（虽然自然界也有，但是微量），使得人们更容易罹患心脑血管疾病、糖尿病等。

不过，我们大可不必"谈脂色变"。脂肪毕竟是生命活动的必要组成原料，我们不能离开脂肪；但为了身体健康，应当选择健康自然适量的脂肪作为食物，尽量不选择或少摄入氢化油脂类、油糖混合类的饮食。

看一眼
就能懂的生物学常识

人体的脂质

名称	主要分类	主要分布
脂肪	白色脂肪	皮下、内脏
	褐色脂肪	肩胛骨间、颈背部、腋窝、肾脏周围
磷脂	脑磷脂	脑、神经
	卵磷脂	卵细胞等
固醇	性激素	性腺
	胆固醇	细胞膜、血液

5

我有兄弟 ABCDE

——维生素家族

Vitamin，音译为"维他命"，很贴切的译名，因为它真的是维持生命正常运转必不可少的营养素。我们也称它们为"维生素"，意思也非常贴切。

大家应该听过这样一个故事吧！在几百年前的欧洲，出海的船员们长期在海上航行，通常会遭受坏血病的折磨。坏血病患者，主要表现为牙龈出血、皮肤淤血或渗血，严重的会危及生命。坏血病让船员们饱受煎熬，但人们却一直找不出引发病症的原因。后来，人们发现，只要船靠岸，船员们在岸上生活一段时间就会神奇地痊愈。这引起了一位随船医生的关注。他发现，船员们航海时很难吃到新鲜蔬果。于是他尝试让船员们每天吃一些新鲜柑橘，船员们的坏血病竟慢慢好了起来。看来，一定是新鲜的柑橘里有能治愈坏血病的"良药"。后来，人们经过长期的研究，终于发现原来是新鲜蔬果中含有维生素C，而坏血病就是身体缺乏维生素C造成的。所以坏血病后来也被称为"维生素C缺乏症"，而维生素C也被称作"抗坏血酸"。

在对维生素进行探索研究的道路上，人们发现维生素不是一种物质，而是一系列的有机化合物，就像"葫芦兄弟"一样，维生素是一个有众多兄弟姐妹的家族。尽管维生素家族的成员并不参与人体细胞的构成，也不提供能量，人体的需求量也很小，但是人体一旦缺乏维生素，生长、发育、机体正常运转都会受到影响，甚至罹患疾病。维生素对生命体的作用，就像是"四两"去"拨千斤"，对生命活动起到调节和平衡作用。那么我们来认识认识维生素家族的一些主要成员吧！

维生素A：脂溶性维生素。主要存在于鱼肝油、动物肝脏、绿色蔬菜中，缺少维生素A的人易患夜盲症。

维生素B1：水溶性维生素。多存在于谷物、肝脏、大豆、肉类中，缺少易患脚气病。注意，这里的脚气病不是通常我们说的"足癣"，足癣是由真菌感染引起的皮肤病，症状是足部皮肤水疱、脱皮、红斑、瘙痒、脚臭，俗称"脚气"；而脚气病是由维生素B1缺乏引起的系统性疾病，多发于以精白米为主食，且饮食结构单一缺乏粗粮杂粮饮食的人群身上，会影响神经系统和心血管系统的正常代谢功能，通常症状是多发性神经炎、食欲不振、四肢肌肉疲乏无力、烦躁易怒、双脚烧灼感等。

维生素B2：水溶性维生素。多存在于酵母、肝脏、蔬菜、蛋类、豆类中，缺少维生素B2的人易患口腔溃疡、唇炎、眼结膜炎等。

维生素B3：水溶性维生素。多存在于肝脏、鱼类、瘦肉、坚果中，人体缺乏易患糙皮病、皮炎、口舌炎等。

维生素B5：水溶性维生素。多数食物中都含有，对维护头发、皮肤、血液健康发挥重要作用。人类缺乏症少见，但是动物缺乏时会发生生长不良、皮炎、贫血等情况。

维生素B6：水溶性维生素。存在于多数动物性、植物性食物中。缺乏易导致食欲不振、呕吐、贫血、关节炎、头痛、掉发、炎症体质等。

维生素B9：水溶性维生素，也称"叶酸"。多存在于新鲜蔬果、肉类中。缺乏易导致贫血，孕妇孕期缺乏会影响胎儿神经管发育及导致唇裂等，因此孕妈妈们在怀孕初期医生通常会开叶酸口服药剂。

维生素B12：水溶性维生素。多存在于肉类中，植物性食物中几乎是不含有的。能参与制造骨髓红细胞、防止恶性贫血，防止大脑神经损伤等。

维生素C：水溶性维生素，也称"抗坏血酸"，具有强抗氧化性。多存在于新鲜蔬菜、水果，特别是柑橘类水果。缺乏易导致坏血病。

维生素D：脂溶性维生素。多存在于肝脏、高脂肪海鱼、蛋黄、乳制品、酵母中。可促进人体对钙、磷的吸收，防患佝偻病。所以在幼儿成长期，儿保科一般会在开钙剂的同时搭配维生素D。

维生素E：脂溶性维生素，也称"生育酚"，也是一种抗氧化剂。多存在于果蔬、坚果、瘦肉、奶、蛋、植物油等。缺乏对生育系统正常运转产生影响，也会影响人体新陈代谢中对自由基的抑制。如果大家仔细阅读日常购买的护肤霜成分表，会发现有一些含有"生育酚"，这也是维生素E在发挥它抗氧化、滋润的作用！

维生素H：水溶性维生素。多存在于肝脏、酵母、牛奶中。能促进身体将食物转化为自身能量、能促进细胞的再生、保持细胞以及头发、指甲的健康。缺乏会导致掉发、皮肤炎症、抑郁、失眠、精神不振、肌肉疼痛等。

维生素K：包含了脂溶性维生素（K1、K2）和水溶性维生素（人工合成的K3、K4）等小类。多存在于深绿色蔬菜、鱼肝油、蛋黄、奶制品、牛肝中。能促进血液正常凝结、骨骼生长，缺乏会导致血液凝固延迟。

现在我们已经对维生素家族有了一些了解。值得注意的是，虽然维生素对人体的正常运转有很重要的作用，但仍然需要依照适量原则进行摄取，比如从自然饮食中获得。如果过量摄取维生素则会导致中毒，如因身体原因需要额外摄入维生素补剂，就需要谨遵医嘱、注意用量。

看一眼
就能懂的生物学常识

维生素家族成员

种类	性质	缺乏症状	食物来源
维生素 A	脂溶性维生素	易患夜盲症	鱼肝油、动物肝脏、绿色蔬菜
维生素 B1	水溶性维生素	易患脚气病（不是俗称"脚气"的足癣）	谷物、肝脏、大豆、肉类
维生素 B2	水溶性维生素	易患口腔溃疡、唇炎、眼结膜炎	酵母、肝脏、蔬菜、蛋类、豆类
维生素 B3	水溶性维生素	糙皮病、皮炎、口舌炎	肝脏、鱼类、瘦肉、坚果
维生素 B5	水溶性维生素	人类缺乏症少见，但是动物缺乏时会发生生长不良、皮炎、贫血等情况	多数食物中
维生素 B6	水溶性维生素	食欲不振、呕吐、贫血、关节炎、头痛、掉发、炎症体质等	多数动物性植物性食物
维生素 B9	水溶性维生素	易导致贫血，孕妇孕期缺乏会影响胎儿神经管发育及导致唇裂等	新鲜蔬果、肉类
维生素 B12	水溶性维生素	贫血、大脑神经损伤	肉类
维生素 C	水溶性维生素	坏血病	新鲜蔬菜、水果，特别是柑橘类水果
维生素 D	脂溶性维生素	佝偻病	肝脏、高脂肪海鱼、蛋黄、乳制品、酵母
维生素 E	脂溶性维生素	影响生育，机体衰老	果蔬、坚果、瘦肉、奶、蛋、植物油等
维生素 H	水溶性维生素	掉发、皮肤炎症、抑郁、失眠、精神不振、肌肉疼痛等	肝脏、酵母、牛奶
维生素 K	脂溶性维生素（K1、K2）及水溶性维生素（人工合成的K3、K4）	血液凝固延迟等	深绿色蔬菜、鱼肝油、蛋黄、奶制品、牛肝

6 小小元素、大大力量

——不可或缺的无机盐

我们的牙齿和骨骼里有"钙"，我们的血液里有"铁"，我们的味蕾上有"锌"……有这么多的金属元素，我们是不是可以做无敌超人了？

我们能不能变成无敌超人姑且不论，但这些元素却是我们身体里的"小超人"。在它们之中，还有"磷""碘"等非金属元素。我们把这些统统纳入"无机盐"这个大家族。

在探索植物世界的时候，我们了解到植物会通过根从土里吸收无机盐；我们身体里的无机盐，又是从哪里吸收来的呢？作为自然界的"消费者"角色，我们当然是从饮食中获得身体所需的无机盐啦！

我们饮用的水中有无机盐，因为饮用水并不是单纯的水，而是含有无机盐的混合物（要知道，在现实当中物质并不能完美地以单纯的单质或化合物状态存在，总会与其他物质相混合）。比如常见的矿泉水就含有多种微量元素的无机盐；我们吃的食物里也有无机盐，比如调味的盐、蔬菜、水果、坚果等。

作为六大营养素之一，无机盐对人体组织和细胞的结构组成很重要。无机盐在人体内的分布并不是均匀的，不同的身体组织中无机盐成分也大相径庭，比如钙和磷绝大部分都在牙齿、骨骼等硬质地的组织中，铁几乎都集中在血液的红细胞里，碘集中在甲状腺，等等。

同时，无机盐也是人体内环境平衡的重要参与者。我们体液中的无机盐离子，可以调节细胞膜的通透性，控制水分，由此维持细胞和身体正常渗透压和酸碱平衡。

常见的无机盐都有哪些呢？

看一眼必须收藏的知识点

常见的无机盐

钙是人体骨骼、牙齿的重要组成部分。我们可以从奶制品、虾皮、豆制品等食物中获得钙。在孕妇孕育胎儿、孩子成长过程中，通过补剂向人体补充钙也是保障幼儿和胎儿正常生长、弥补孕妇钙质流失的重要方法。要知道，缺钙可是会导致骨质疏松症、儿童佝偻病等后果的。同时，钙离子也是身体向肌肉传递指令的介质，我们所说的腿"抽筋"，就是肌肉接收钙离子指令有误导致的非主观收缩，长期抽筋则可能是缺钙导致的。

铁是人体内含量最多的微量元素，主要存在于红细胞中。血液中的腥味，很大程度上就是铁元素的气味。含铁丰富的食物主要有肝脏、红瘦肉（如牛羊肉）、大枣等红色食物。如果缺铁，会导致人体缺铁性贫血、免疫力下降。孕妇孕期、女生经期也都应该适当吃一些含铁元素丰富的食物。

锌具有促进生长发育、维持口腔黏膜细胞正常结构和功能等

作用。含锌丰富的食物有肝脏、肉类、蛋类、牡蛎等。有时候根据补剂需要，会将钙和锌结合在一起，比如葡萄糖酸钙锌口服液就是一种常见营养补剂。如果儿童缺锌，容易导致其生长发育不良；如果是孕妇缺锌，则容易导致婴儿脑发育不良、智力低下，并且出生后再补锌也无济于事，所以胎儿时期补充该元素十分重要。

钠对调节人体内环境的渗透压、水分十分重要，还能够维持人体内的酸碱平衡，同时也是胰液、汗液、泪液的重要成分。眼泪"咸咸的"就是因为含有钠元素。我们摄入钠的主要来源为食盐、酱油、咸味食品等。虽然钠很重要，但也得适量。如果摄入过量，会容易引起高钠血症，出现口渴、少尿、烦躁、运动失调、惊厥等症状；如果摄入不足，会引起乏力、精神不振、脑水肿等症状。

镁是维持骨细胞结构和功能的重要元素。在植物中，镁离子是叶绿素分子的必要成分，所以我们可以从新鲜绿叶蔬菜、粗粮、坚果中摄入镁元素。缺镁会引起神经紧张、肌肉震颤等症状。

磷是构成骨骼及牙齿的重要组成部分，也是蛋白质的重要原料。含磷的食物主要有瘦肉、蛋、奶、动物内脏、坚果等。严重缺磷会导致厌食、贫血等。

碘是甲状腺激素的组成部分。常见的含碘丰富的食物是海产品，食用含碘食盐也可以有效补充碘元素。如果缺碘会导致呆小症、儿童及成人甲状腺肿大等问题。

在人体必需的无机盐中，含量较多的有钙、磷、钠、镁等，称为常量元素。还有一些诸如铁、碘、铜、锌、锰、钴、钼、硒、铬、镍、硅、氟、钒等元素，也是人体必需的，但需求量较小，称为微量元素。在它们的共同协作下，人体才能健康地运行。

常见无机盐

名称	缺乏症状	食物来源
钙	骨质疏松症、儿童佝偻病	奶制品、虾皮、豆制品等
铁	缺铁性贫血、免疫力下降	肝脏、红瘦肉（如牛羊肉）、大枣等红色食物
锌	生长发育不良、胎儿智力低下	肝脏、肉类、蛋类、牡蛎
钠	乏力、精神不振、脑水肿等	食盐、酱油、咸味食品等
镁	神经紧张、肌肉震颤等	新鲜绿叶蔬菜、粗粮、坚果
磷	厌食、贫血	瘦肉、蛋、奶、动物内脏、坚果等
碘	呆小症、儿童及成人甲状腺肿大	海产品

7

传说中的生命之源

　　有这样一件趣事：曾经有一段时间，在一些家人聊天群里流行着一个消息，说是让大家小心一种名字叫作"一氧化二氢"的物质。据说这种物质无处不在，一不小心就会随着饮食摄入人体内。摄入量过高，可能会引发水肿、尿急、呕吐等症状。消息就这样传开了。直到有人指出，"一氧化二氢"不就是水（H_2O）吗？

　　说起水，人们会想到"水是生命之源"这句话。的确，水对于生命体来说，是绝对重要的存在。据科学推测，最早的生命体，可能就在远古海洋里诞生。水，占据了人体至少70%的重量，是细胞里占比最大的成分，即便是前文说到过的脂肪细胞，最大成分也是水。在缺少食物不缺水的情况下，人类生命体还可以维持大约一周；但如果没有水，人类生命体可能熬不过三天。可以说，没有水，生命可能就不存在。

　　我们日常饮用的水，有矿泉水、纯净水，也有烧开的自来水。在一些地区，人们可能还是直接饮用井水或河水；而在某些缺淡水的靠海地区，人们可能会运用分子技术对海水进行淡化处理再饮用。但不论是哪种形式的水，分子组成都是"一氧化二氢"，只不过其中会混合有无机盐的成分。不过，混合无机盐并非坏事，反而对人体有好处，在补充水分的同时，能够补充一定的微量元素。

有人也许会好奇，如果混合物的水对人体更好，那么是否有特别纯净、成分单一的水，它对人体如何呢？还真有这样的水，叫作"超纯水"。所谓超纯水，是指尽量将水中导电的介质全部去除掉，又将水中的胶体、气体、有机物尽量去除掉后得到的水。超纯水主要用于科学实验，因为几乎只含一氧化二氢，更有利于去掉科学实验中的干扰因素。但是超纯水是不能直接饮用的，如果饮用会对身体有害，会导致人体中很多离子被析出，而不是在离子该待的岗位上发挥职能。

要注意的是，无论人们是喝矿泉水、自来水、井水还是河水，都一定要保障用水安全，毕竟人类需要水，细菌寄生虫也需要水。最简单的方法就是煮沸杀菌。所以，"多喝热水"是最朴实的关心。

 **看一眼就要记住的知识点**

膳食纤维

你知道吗？除了蛋白质、脂肪、糖、维生素、无机盐、水，还有一种物质，被科学家称为第七类营养素，它就是"膳食纤维"。膳食纤维的概念在近些年来频繁出现在我们的生活中，还有相关的营养补剂上市销售。在日常生活中，我们看到的柑橘、甘薯、芹菜里的丝，就是一种膳食纤维，它其实是一种多糖。虽然，人体的消化系统并不能消化吸收纤维素，但是纤维素在人体消化道中能够促进胃肠蠕动和排空，使得胃肠通畅，减少大肠癌的患病概率。同时，纤维素也能帮助降低人体内过高的血脂、血糖，预防心脑血管疾病、糖尿病等。

人体内含量最多的物质

水	
元素构成	2个氢原子+1个氧原子
作用	为生命活动提供环境、作为部分营养物质及待排废物的溶剂等

第五章

身体里的加工厂

——消化系统

1

食物加工厂日志

食物加工检测报告

【时间】×年×月×日

【地点】食物加工厂全区

【工作主题】食物加工全流程设备检测

① 总体情况

人体食物加工厂——消化系统，系加工外界摄入饮食、吸收营养、剔除废料等的整套系统。该系统由消化道和消化腺两大部门构成。"消化道部"包含口腔、咽、食管、胃、小肠、大肠、肛门等"成员设备"；"消化腺部"包含唾液腺、肝脏、胰脏及消化道壁内分布的小型腺体等"成员设备"。为确保消化系统各设备正常运转，现按期开展本次全流程设备检测工作。

本次从口腔出发，经消化道检测各个消化腺设备运行是否正常、消化液成分是否达标、消化道吸收效率是否符合标准等。经检测，消化系统食物加工全流程设备均无异常。

②各设备检测详细情况

A.对口腔处设备检测

唾液腺设备位于口腔附近，在口腔处设置有消化液开口，所分泌消化液为唾液。随着牙齿对食物进行切碎处理，舌将食物与唾液进行搅拌，唾液淀粉酶对食物中的淀粉进行首轮分解，将之转化为麦芽糖。

经检测：唾液淀粉酶含量及反应效率符合平均标准，口腔内壁平滑无病变，牙齿、舌、咽部均无异常。

B."食道——胃"线路设备检测

食物经咽部到达食道和胃部。食道蠕动正常，能将食物准确匀速送入胃部，食道壁平滑无异常。

胃部内壁褶皱符合常规形态，蠕动及收缩力度、效能正常。胃壁上的各胃腺按食物量分泌对应量胃液，胃液内盐酸、蛋白酶等成分含量适中，与食物在胃的蠕动中进行充分混合，使食物形成糊糊样食糜，并对食物中蛋白质进行初步分解。同时，胃部以蠕动方式，按批次将经初步消化的食糜送入小肠。

本线路经检测均正常。

C.肝脏、胰脏设备检测

肝脏细胞所分泌的胆汁平均产量符合标准范围，胆汁依照常规存储于胆囊中，胆囊按食糜成分、总量等向十二指肠处输出胆汁。胆汁取样，色泽黄绿、苦涩味、碱性，成分正常，乳化食物中脂类、协助消化部分蛋白质和糖时未见异常。

胰脏分泌胰液导入十二指肠，取样分析，胰液中糖、蛋白质、脂肪消化酶含量未见异常。

D.肠道设备检测

伴随着胆汁、胰液以及小肠壁上的肠腺分泌的消化液，多种消化糖类、蛋白质、脂肪的酶协同作用，将这些营养素分解成了能被细胞直接吸收的小分子有机物，例如葡萄糖、氨基酸等。小肠壁上的小肠绒毛发挥作用，对营养物质进行吸收，让它们进入循环系统被运送至全身的细胞。剩余的身体不需要的残渣，则在大肠中进行"打包"，最终从肛门排出体外。

本阶段设备检测无异常。

③下一步工作计划

保障原料（食物）供给的多样性，确保各项营养素齐全；保障加工厂有充足的休息时间，避免"过劳"。

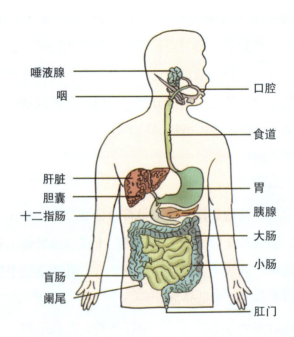

唾液腺
咽
口腔
食道
肝脏
胆囊
十二指肠
胃
胰腺
大肠
小肠
盲肠
阑尾
肛门

消化系统的组成

看一眼必须背会的知识点

古人说的"五脏与六腑"到底都是啥？

古人用"五脏六腑"统称人体躯干内的各种器官。其中"脏"一般指的是结构上看起来"实心"的器官，主要有心、肝、脾、肺、肾五脏；"腑"主要是指"空"的腔体类器官或组织，主要有胆、胃、大肠、小肠、膀胱、三焦。古人将人体的胸腔和腹腔分为三部分，称"上焦、中焦、下焦"，统称为三焦。横膈膜以上为上焦，含心、肺；横膈膜与肚脐之间为中焦，含脾、胃、肝、胆等；肚脐以下为下焦，含肾、肠、膀胱等。

看一眼
就能懂的生物学常识

消化系统

分类	主要器官
消化道	口腔
	咽
	食道
	胃
	小肠
	大肠
	肛门
消化腺	唾液腺
	肝
	胰
	胃肠壁消化腺

2 谁的地盘谁做主

——细说消化道

　　如果将人体内的消化道看作一条道路，那么这条道路就是时而平坦宽阔，时而蜿蜒曲折，有时地处平原，有时越过高山，每一段都有着不同的特点。而每一处不同的"道路"，都有着自己的名字、自己的规矩。大家相互协作，却也是各自管好自己的地盘，正所谓"谁的地盘谁做主"。

　　消化道从口腔开始，到肛门终止，包括口腔、咽、食道、胃、小肠、大肠、肛门等器官。

　　口腔：作为消化道的开端，通过照镜子，我们能看到，口腔里有牙齿、舌头、上颚等组成部分，它还含有唾液腺导管的开口，以保持口腔里有唾液，使之总是处于湿润的状态。当我们吃美食时，我们的门牙负责切断、犬齿负责撕扯、臼齿负责咀嚼。口腔受到食物刺激，唾液腺开始增加唾液分泌量，舌头负责将牙齿咬碎的食物与唾液充分搅拌。这时候，唾液中的唾液淀粉酶，就会把食物里的淀粉分解为麦芽糖。

　　咽部：作为消化道和呼吸道的共同通道，咽部可分为鼻咽、口咽、喉咽三部分。咽部的主要功能是完成吞咽这一反射动作，当食物接近咽部时，咽部的肌肉就会协同动作，将食物从口腔送到下一条路段——食道。

食道：一条长长的肌肉性管道，一般成年人的食道全长约25~30厘米。食道的主要功能是运送食物到胃部，其结构包含上皮、黏膜层、黏膜下层、肌层、外膜等。

看一眼就要记住的知识点

"趁热吃"一定要注意温度适宜

一些人喜欢吃很烫的食物或饮用烫茶，认为饮食热的、烫的更好吃。但是，温度过高的食物接触口腔、咽部、食道时，可能会造成黏膜损伤。长期的高温刺激，会增加罹患口腔癌、食道癌的概率和风险。所以，为了身体健康，饮食温度一定要适宜，太烫的食物放一放，等温度降下来，吃下去会更好哟！

胃：像一个袋子，上端连着食道，下端连着十二指肠，从上到下分为贲门、胃底、胃体和胃窦（幽门窦或幽门部）等四部分。胃壁的结构从内向外是黏膜层、黏膜下层、肌层、浆膜层，其中黏膜层呈橘红色，质地柔软，当胃空空的时候，会呈现很多褶皱，而胃被喂饱的时候，这层则变得平坦（平时我们吃的一种食物"肚条"就是猪的胃，从"肚条"的形态大家也可以看看胃壁的结构是怎样的）。胃壁的黏膜中含有大量腺体，它们可厉害了！能够分泌以盐酸为主要成分的胃液。因为盐酸的存在，胃液的pH值（酸碱度）在2.0到3.0之间，有时候甚至可能会达到1.0。盐酸作为一种无机强酸，大家可

以参照在化学实验室看到的盐酸与金属反应时的那个强烈程度来理解它的厉害。

看一眼必须收藏的知识点

关于胃液

我们直面胃液的时候，一般就是因为饮食不当造成呕吐的时候，呕吐物会有一股刺鼻的酸味，吃下去的食物也已经变成粥状，同时胸口有时候会有灼烧感，这些都和胃液里的酸息息相关。值得注意的是，现在社会中，一些人会因为追求瘦而自动催吐，目的是把吃下去的食物再吐出来，免得长胖。其实，这是非常不可取的。一方面，健康的身体来自适量的饮食、适当的运动、稳定的情绪、规律的作息等多种因素；另一方面，频繁催吐会导致消化道形成习惯性肌肉运动，影响以后正常进食，同时胃酸频繁刺激食道、口腔，会导致牙齿被胃酸腐蚀、增加口腔及食道癌变风险等。大家千万不要这么做哟！

胃液中还含有消化酶等多种成分，胃液的主要作用是消化食物、润滑食物等。作为食物消化中经过的地盘较大的腔体器官，胃的主要功能是容纳和消化食物。食物从食道的地盘缓缓来到胃部，在胃液各项成分的作用下，主要的蛋白质得到了初步分解。随后，在胃部肌肉的"扭啊扭、动啊动"中，食物们（此时已经是食糜了）继续向前进。

小肠的各个"分舵"

十二指肠"分舵"：十二指肠是小肠的起始段，呈C形弯曲，包绕胰头，介于胃和空肠之间。因为它的长度相当于人十二根手指的宽度（约25厘米），所以被称为"十二指肠"。它既能接收胃液，也含有胰液和胆汁的分泌出口，同时自身所含的一些分泌细胞能刺激胰液和胆汁等的分泌。十二指肠也是重要的消化场所。

空肠"分舵"和回肠"分舵"：空肠上连十二指肠，下连回肠，而回肠连接盲肠。空肠、回肠并无明显界限，一般把它俩这段路总长的前2/5归为空肠，后3/5归为回肠。在这段"道路"上，消化的重头戏来了。小肠壁上肠腺分泌的消化液与胰液、胆汁等一块儿对脂肪、初步分解过的糖和蛋白质等进行继续分解，让它们变成可以被细胞直接吸收的小分子。在空肠和回肠的内壁上有着许多环形突起，被称为"皱襞"。皱襞的表面上又有许许多多绒毛状的突起，它们被称为"小肠绒毛"。小肠绒毛可以将消化后的小分子营养物质进行吸收。小肠是人体消化吸收的主要场所，假如把一个人的小肠绒毛全部展开铺平，总面积可以达到接近半个篮球场那么大。

大肠：大肠包括盲肠、阑尾、结肠和直肠四部分。一般来说，一个成年人的大肠大约长1.5米。大肠的起始部位是盲肠，与回肠相连。整条大肠的地盘是形似方框的一条路线，盘在空肠、回肠的周围。大肠的内壁上也有环形的皱襞，但是没有绒毛状的突起，而它的主要功能就是进一步吸收水分、无机盐和维生素等，并且将剩余的身体不需要的食物残渣等形成粪便并贮存，然后在适当时候将其经肛门排出体外。大肠内无消化作用，仅具一定的吸收功能。

到此，消化道各段地盘我们就算认识了，大家应该也了解了，食物的消化和吸收都需要我们身体里消化系统的各个器官协同合作来

完成，少了谁，这个工作都会受到一定的影响甚至可能"停摆"。所以，要保护好自己身体里这些"手下"哦！

看一眼
就能懂的生物学常识

消化道

主要器官	主要功能
口腔	切碎食物、初步消化淀粉
咽	推送食物
食道	运送食物
胃	储存待消化食物、润滑食物、蛋白质初步消化场所
小肠	消化和吸收大部分蛋白质、脂肪、糖类及其他营养素
大肠	吸收部分水、无机盐、维生素等
肛门	排出食物残渣

3

肝胆相照 "好兄弟"

肝脏 "大哥"

说起 "肝"，现在网络流行用 "爆肝" 来形容熬夜拼命完成某项工作或作品。这也反映出，如果不注意休息，就会增加肝脏的负担。那么，这是为什么呢？

肝是人体内最大的消化腺，具有代谢、解毒、免疫、凝血等功能。健康的肝脏呈棕红色，质地像富有一定弹性的橡胶。

看一眼必须收藏的知识点

关于脂肪肝

你知道吗？如果不注意饮食结构，摄入糖类、脂肪过多，而蛋白质摄入不足，就可能会导致脂肪肝。有一种食物叫作鹅肝，烹饪时用

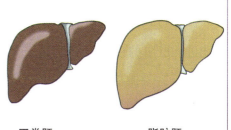

正常肝　　　脂肪肝

油煎，香气扑鼻，受到很多食客喜爱。其实，鹅肝是鹅的脂肪肝，是通过填塞喂食方式导致鹅长成的脂肪肝，外观不再是棕红色，而是黄白色。鹅肝脂肪含量高，所以食用不宜过多。

来见识见识肝脏拥有的几项主要功能：

①产生胆汁：肝脏分泌的胆汁储存在胆囊里，并在需要消化食物时向外输出。胆汁能帮助小肠分解吸收脂肪、胆固醇、蛋白质和一些维生素，主要成分是胆盐、胆固醇、胆红素、电解质和水等。

②储存作用：一是储存糖原。肝脏可以储存肝糖原，并在某些触发条件下（比如血糖不足时）生成葡萄糖，为身体提供能量。二是储存一些维生素。三是储存一些微量元素，如从血红蛋白中储存铁，为制造新的红细胞做好储备。

③过滤血液和解毒：肝脏能过滤和分解体内的一些化合物，以及外部摄入的化合物，比如喝酒时摄取的酒精、一些口服药物等。所以平时人们饮酒，就是肝脏在负责代谢，如果一时或长期饮酒过量，可能会导致急性或慢性肝损伤。同时，很多治疗疾病的药物，也是在肝脏进行代谢，大家在药品说明书里可以找到药理信息，而且大多数说明书还会标注"严重肝功能不全者禁用或遵医嘱"的字样，以提示如果肝脏暂不能行使药物代谢功能，就不宜服用该药品。

④免疫功能：肝脏含有大量参与免疫活动的细胞，可抵御从肠道可能进入肝脏的致病因子的袭击。

⑤支持凝血功能：肝脏生产胆汁，胆汁能促进维生素K的吸收，而部分凝血因子的生成依赖维生素K。所以肝脏间接协助了凝血功能的发挥。

⑥可再生：肝脏是唯一能再生的内脏器官。由于肝脏功能众多、角色重要，所以在生物进化的过程中，这一特性得到了保留。只要肝脏健康，它就能再生。这样的"超能力"，使得一些疾病的治疗从不可能变成可能。在现代医学中，一些严重疾病导致患者需要移植肝脏，在移植过后，患者和捐献者的肝脏都可以通过再生能力进一步恢复相关功能。

现在你知道，为什么有"爆肝"这些网络用语了吗？人体因为代谢产生的毒素，有些需要肝脏去分解。要让肝脏正常运转，就需要给予它适当的休息时间，并且有些"解毒"过程是在人睡眠时进行的。如果经常熬夜，就容易积累毒素，不利于身体健康。

胆囊"小弟"

你见过菜市场的鱼贩子处理鱼吗？在处理鱼的内脏时，鱼贩子一定会把一个小小的青黑色的东西丢掉，否则鱼肉做出来就会发苦。这个小小的东西就是胆，而它的苦味来自里面装着的胆汁。

我们人体内也有胆这个器官，它位于肝脏下面，与肝脏相依偎，像一只小小的袋子，所以也被称为"胆囊"。一般成年人的胆囊长约8～12厘米，宽约3～5厘米。胆囊与肝脏的关系非常密切，有个成语"肝胆相照"，就非常贴切地形容了它俩的关系。肝胆的合作关系主要体现在消化这项工作上。

在消化过程中，胆汁和小肠液能够相互合作来消化食物中的脂肪等成分。一般听到"胆汁"这个词，人们会以为它是由胆囊分泌的，然而实际上，胆汁是由肝脏分泌产生并储存在胆囊内的。肝脏分泌胆汁的过程是连续的，但是人体并不是随时都需要用到胆汁，所以胆囊就充当了存储者，并在饮食刺激下周期性地将胆汁排出到小肠里参与消化工作。

胆汁味道是苦的，而且苦味还有些"霸道"。比如前面说到的鱼，有时候自己买回家收拾，一旦没清理好鱼胆，那这个鱼即使清洗了很多次，也大概率会残留下这种味道影响鱼肉的口味。胆汁本身呈金黄色，它存放在胆囊内时是经过了浓缩的，所以呈深绿色。

在正常情况下，胆汁中各种成分的含量保持相对稳定。如果因为饮食不当（如长期大鱼大肉等）、身体内部原因等因素，造成胆汁成分比例发生较大变化，就容易引起胆道疾病，比如胆结石、胆囊炎等。罹患胆结石等疾病时，腹部会有间歇性的放射状痛感，通常痛感等级很高。在有些情况下，因为胆汁产生于肝脏，其成分的大幅变化还可能导致结石出现在肝脏中，因此饮食结构要选择多样化，肉、蛋、奶、蔬果等都需要摄入，以保障体内液体环境的平衡稳定，让肝胆兄弟好好地互相照应。

看一眼
就能懂的生物学常识

肝胆主要作用

器官	功能
肝脏	代谢、解毒、免疫、凝血等
胆	储存和排出胆汁

4

胰脏：事了拂衣去，深藏身与名

有这样一种说法，当人健康时，基本感受不到胰脏的存在；而当感受到它时，可能已经病痛缠身。

胰脏，又称胰腺，是一个大而细长、长得像葡萄串状的腺体器官，位于胃部后方，它的较大的一端称为胰头、方向朝下，而另一端横着称为胰尾，尾端靠近脾脏。胰脏既有消化的功能，也有调节血糖的功能，它是怎么做到的呢？

来看看它的结构：胰脏可以分为两个部分，一是能够产生胰液的胰腺，二是能够产生胰岛素的胰岛。胰腺属于外分泌腺，负责消化工

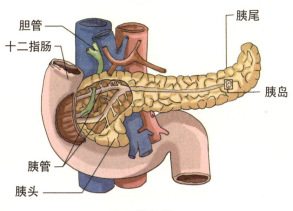

胆管
十二指肠
胰尾
胰岛
胰管
胰头

胰脏的结构

作；胰岛属于内分泌腺，负责血糖调节工作。所以，胰脏是人体内唯一一个既是外分泌腺又是内分泌腺的腺体，是一个特殊的器官。

外分泌工作： 胰脏的外分泌腺由腺泡和腺管组成，腺泡分泌参与消化工作的胰液，再经由腺管将胰液从十二指肠的接口处排出去，到小肠里参与食物消化。胰液中含有胰蛋白酶、脂肪酶、淀粉酶等成分，看名字就可以知道，它能够发挥消化蛋白质、脂肪和糖的作用。

内分泌工作： 在胰脏内有一些岛状的细胞团，被称为胰岛。胰岛的 β 细胞可以分泌胰岛素，这是人体内唯一能够降低血糖的激素，能促进肝糖原的合成。胰岛内还有 α 细胞，能分泌胰高血糖素，可以促进肝糖原分解，使血糖升高。看功能就知道，胰岛素和胰高血糖素互相协作，共同将血糖稳定在一个正常的范围内。如果因为胰岛受损等原因，导致胰岛素不足，就会导致糖尿病。此时需要外部药物控制血糖稳定，如果控制不好，则可能引发其他的并发症，常见的可能导致皮肤瘙痒等皮肤病、眼疾甚至失明等。

李白有一首诗叫《侠客行》，其中的名句"事了拂衣去，深藏身与名"描写的是侠客的低调，而在脏器当中，胰脏也很符合这种气质。当身体健康的时候，我们基本感受不到胰脏的存在，但它却为我们的血糖稳定、消化食物贡献了很大的力量。

然而，我们也必须注意，不合理的饮食是容易导致消化系统各成员出现问题的。其中，胰腺炎就属于较为凶险的一类疾病。当胰腺中的胰液由于胰管不通导致流出不畅甚至反流，胰液中的消化酶可能会导致胰腺组织出现炎症；胰脏受到周边器官炎症蔓延影响（比如胆道疾病）或是身体高血脂问题导致胰腺炎症，也会引发胰脏疾病。如果胰腺炎发展到重度，甚至会危及生命。

看一眼必须收藏的知识点

猪胰皂

　　在古代，人们会用猪的胰脏制作肥皂。将猪胰脏捣碎，和加热的食用碱充分混合，然后放入模具中制作成各类形状的猪胰皂，风干后保存。自然且实用，洗手还很滋润！

看一眼
就能懂的生物学常识

胰的组成和功能

分类	组成	功能
外分泌	腺泡和腺管	分泌含有胰蛋白酶、脂肪酶、淀粉酶等成分的胰液，消化蛋白质、脂肪、糖类等
内分泌	胰岛	分泌胰岛素、胰高血糖素协同作用维持血糖平衡

5

食品行业中的黑白"科技"

　　都说"民以食为天"，不论是人类还是动物，吃饭都是生命生存下来的第一大事。在自然界中，食肉动物要填饱肚子，就得去捕食，如果捕不到猎物就只有饿肚子。在科技还不发达的过去，人们如果要吃饭，就得去捕捉、采摘或者购买食材，然后使用火、厨具进行烹饪，才有的吃。

　　而现代社会，"快文化"占据了半壁江山，人们的工作节奏快、压力大，生活中面对房贷车贷、养娃、赡养老人等压力，因为面对的压力和待办事项太多，所以花费很多时间做饭让一部分人觉得很头疼。于是外卖行业在几年时间里迅速崛起，人们只要动动手指在手机上点一点，外卖小哥就会很快将食物送到家门口，简直是太方便了。有很多人几乎餐餐都外卖，家里的炉灶很久都不开火。很多上班族中午休息或下午下班就会选择下馆子吃饭，而不是回家后再做饭。

　　然而，越是火爆的行业，竞争者也越多，行业压力也越来越大。一是出餐速度得快。在"快文化"的影响下，餐馆或专门外卖的店如果保证不了速度，食客可能再次光顾的概率就会降低。二是成本控制压力大。行业竞争越来越大，许多店打起了价格战。然而低价竞争带来的利润下降，加大了店铺存活下来的难度。在这样的背景下，出现了利用食品"黑科技"代替传统真材实料烹饪的现象。

首先，我们要知道什么是食品添加剂。食品添加剂，是指为改善食品品质或色香味等性质，以及为达到食品防腐等目的，加入食品中的化学合成或天然的物质。在现代食品工业快速发展的背景下，食品添加剂已经成为食品工业的重要组成部分。在市场环境中，食品添加剂的使用是以目的为导向的，比如为了食物防腐而添加、为了增加食品的香味而添加等。但是，食品添加剂不能完全以目的为导向，因为除了让它们发挥本身的功能和作用外，最重要的就是要保证食品的安全卫生。所以，以职能机构监管为导向，国家为了规范食品添加剂的使用、保障食品添加剂使用的安全性，制定了相关的使用标准，规定食品中允许使用的添加剂品种、使用范围和使用量。

对于食品添加剂本身，我们需要辩证地看，并不是只要使用食品添加剂就是不好的。比如甜食里的糖分，过多摄入糖可能会导致心血管方面的疾病，所以为保证口感，一些食品中用代糖代替了糖，比如赤藓糖醇、木糖醇等。在使用量标准范围内，其实代糖的加入能够减少糖的摄入量。而那些为了提高出餐速度和降低成本而滥用添加剂，仅仅为了在色香味等方面能够以假乱而使用食品添加剂，甚至是代替含有人体需要的主要营养素的添加剂，才是我们应该抵制的。

那么食品行业中有哪些黑心科技呢？比如用高纯度香精模仿肉汤的香味，几滴香精就能制造出平时花几个小时熬制肉骨才能产生的高汤香味（甚至香精味道更大），一个只用几秒，一个需要几小时，不法商家抵挡不了这样低成本的诱惑，就会选择使用添加剂。又比如，使用糖和香精混合模仿不同种类的蜂蜜（如槐花蜜、椴树蜜等），宣传其功效卓著，以此卖出高价牟取暴利，而消费者得到的不过是一杯糖水。

这样的现象其实存在于很多地方，虽然某些"黑科技"是在食品添加剂用量范围内，不会中毒，但是长期食用，会造成我们摄取的营养素缺失，会如"温水煮青蛙"般影响身体健康。所以，大家还是尽可能地选择在家自己动手，偶尔出去尝鲜，才是较好的选择。如果觉得烹饪流程复杂，可以学习一些简单的烹饪方法，既便捷又健康，而且还能增加生活乐趣呢。

看一眼
就能懂的生物学常识

常见代糖

名称	来源
木糖醇	来自白桦树、玉米芯、甘蔗渣等
阿斯巴甜	人工制造
赤藓糖醇	发酵或合成
罗汉果甜苷	来自罗汉果
甜菊糖苷	来自甜叶菊
三氯蔗糖	来自蔗糖

第六章

吐纳间的自然设计

——呼吸系统

1

对于表面积堪比网球场的肺你了解吗?

在自然界中,大部分生物都需要呼吸。呼吸是为了吐故纳新实现外界和体内的气体交换,从而让身体需要的气体到达各个细胞,再把废气排出体外,实现生命活动(大部分生物需要氧气,当然也有厌氧生物)。所以一套完备的呼吸系统,是由哪些器官组成的呢?

人体的呼吸系统是由呼吸道和肺组成的。其中呼吸道包含鼻、咽、喉、气管、支气管,它们是气体进出肺部的通道。从鼻到喉这一段称为上呼吸道,气管、支气管及肺内的各支气管的分支称为下呼吸道。肺是进行气体交换的主要场所。

人体的肺有左右两部分,即左肺和右肺。肺有分叶,左边斜裂分为上、下两个肺叶,右边斜裂加水平裂分为上、中、下三个肺叶,总共五叶。肺上部由左、右支气管在肺门处分成第二级支气管,每支第二级支气管又分出第三级支气管……以此类推,就像倒立的树枝一般,支气管在肺内的分支可以达到20多级,最后形成肺泡。肺泡外面含有丰富的毛细血管网,毛细血管膜与肺泡共同组成呼吸膜,为血液和肺泡内气体进行气体交换提供了必要场所。肺的呼吸膜面积较大,平均约70~100平方米,若是将呼吸膜的表面积用平面图来表示,面积堪比网球场呢！也正是这样大的表面积，才让肺能够尽可能多地与空气接触，让气体交换更加地"得心应手"。一个类似的例子就是蜂窝煤，人们之所以把煤块打散再制作成有很多小洞的圆柱体，就是为了让煤在燃烧的时候尽可能多地与空气接触，这样煤就能燃烧得更加充分，燃料利用率也变高了。

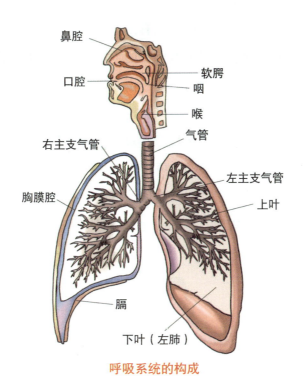

鼻腔
口腔
软腭
咽
喉
气管
右主支气管
左主支气管
胸膜腔
上叶
膈
下叶（左肺）

呼吸系统的构成

在肺部，由肺泡和毛细血管膜组成的呼吸膜是呼吸系统的"主要业务部门"，所以保证呼吸膜的结构健康很重要。然而，在生活中会有很多事情影响到肺的健康。有些是外部环境造成的，比如空气污染造成的雾霾；有些却是人类主动造成的，比如吸烟。吸烟会将尼古丁等有害物质吸入肺部，时间长了，有害物质就会堆积在呼吸膜上，

一方面阻塞其通畅度，一方面释放一定的毒性，对肺部造成器质性伤害。因此，吸烟有害健康，吸"二手烟"也是如此。另外，一些工作岗位也有可能造成肺部损伤。比如长期在粉尘环境中工作的人，如果保护措施没有做好（比如佩戴专业口罩），就可能患上尘肺病，可以理解为粉尘堆积到了肺里，影响呼吸膜气体交换工作的正常运行，并在长期过程中，导致肺部组织弥漫性纤维化，甚至造成全身性疾病。想象一下，肺部的分支、呼吸膜上有微小的粉尘堵着，气体无法通畅流动，气体交换不足，人是非常难受的，堵得久了，组织就坏了，变得纤维化了，就再也无法履行职能，由此还会引发连锁反应，可能累及中枢神经、消化腺、心脏等。

所以，预防不利的呼吸环境非常重要。对于雾霾带来的影响，在外出时最好佩戴可以抵挡PM2.5颗粒的口罩；对于会接触到大量粉尘的特殊工种，则需要在工作时注意佩戴专业保护设备；对于自身，做到不吸烟、不常在可能有二手烟的地方待着，也能更好地保护我们的肺和呼吸系统。

看一眼
就能懂的生物学常识

呼吸系统分类

分类	名称
呼吸道	鼻、咽、喉、气管、支气管
呼吸器官	肺

2 呼吸一刻不停，呼吸系统有可能休假吗？

我们已经知道，人体的生命活动离不开氧气，而呼吸系统在一呼一吸的过程中，持续地完成外界和人体内的气体交换，为人体不断地提供氧气。如果一个人不呼吸，通常大约4~6分钟就会出现心跳停止、脑死亡等，因为没有了氧气的供应，人体内的细胞、组织、器官就会发生故障，时间太久，这样的故障就难以再恢复了。可见呼吸是非常重要的，那么呼吸系统的每个成员都是如何工作的呢？

我们来看看，人是怎么完成呼吸的。呼吸运动，是随着胸腔的扩张和回缩，让空气进出肺部来完成的。就像是我们拿着一个矿泉水瓶，挤压瓶身，瓶子里的一部分空气就被排出来，松手瓶身恢复，外面的空气就被吸进瓶子里。而我们呼吸运动中谁来充当挤压"瓶子"的"手"呢？那就是胸腔里的肋间肌和膈肌啦！它们的伸缩能够使胸廓扩大或缩小。

在物理规律中，分子是不断运动的。而在一个空间内，分子的运动虽然没有规律，但它们会向着让空间内分子接近平均分布的目的来运动，也就是说，分子量更高的区域的分子会逐渐向分子量低的地方扩散，直到这个区域的分子密度达到平衡。当肋间肌和膈肌收缩时，胸廓

体积增大，肺随之扩张，这时候肺内的气压是低于大气压的，按照这个物理规律，外界空气就会逐渐通过呼吸道进入肺，于是就完成了吸气。同理，当肋间肌和膈肌舒张时，胸腔体积缩小，肺随之回缩，这时肺内的气压就高于大气压，于是肺内的气体又通过呼吸道被"挤"出体外，于是就完成了呼气。在呼吸运动的不断进行中，肺泡里的气体成分比例呈现相对稳定，这也让气体交换工作能够有条不紊地持续进行。

现在大家已经了解呼吸的原理了。那么我们来探究一下，在确保生产工作不掉队的情况下，呼吸系统的各个组成部分有没有可能给自己放个假呢？这是一个技术活，要是没有把大家的工作流程安排好，呼吸运动跟不上需求，可是会出大问题的！

先来看看呼吸道。呼吸道的各个部位基本上属于被动工作，空气从这些部位进出时，它们依靠鼻毛、管道纤毛、黏液等对空气的"过滤"，也就是依靠物理设施就能完成了，不需要它们主动做事，所以它们在并不繁重的工作中，已然处于半休息状态。

然后看看负责主要工作的肺部。我们已经知道，肺部依靠肺泡来完成气体交换工作，并且是在肋间肌和膈肌的动作下，使得胸廓与外界形成气压差，从而导致气体的流动交换。所以，肺泡的气体交换是运用了物理原理完成的，肺泡本身是提供了场所，而不需要主动工作。它们也是有机会短暂休息的。

那么到底谁在出大力气呢？应该要数肋间肌和膈肌！它们的肌肉运动形成了呼吸动作，所以它们是最累的成员，尽管它们并不属于呼吸系统，算是"编外人员"！那么它们能休息吗？其实呼吸运动的动作是一正一反交替的，所以在交替时轮换动作的空隙就能够有极短的时间让肌肉休息一下。虽然时间极短，但是对于呼吸运动的组织来说，已经能实现"劳逸结合"了。

看一眼必须背会的知识点

腹式呼吸

大家平时有没有注意到自己不同阶段的呼吸特点？比如平静时，呼吸匀速；剧烈运动时，呼吸急促……当呼吸较浅时，有时会觉得好像没有把空气吸入肺的深处；而当深呼吸时，又会觉得仿佛整个肺里都充满了新鲜空气。其实，这不仅仅是一种感觉，从气体交换的效率来看，深而慢的呼吸，效率要高于浅而快的呼吸。在现在的健身锻炼中，往往教练会建议大家尽量使用"腹式呼吸法"，即通过腹部肌肉的起伏，带动呼吸运动，使得呼吸深而慢，从而提高呼吸中的气体交换效率，这样有利于运动过程中更好地进行吐故纳新，有助于提升锻炼成效。

看一眼
就能懂的生物学常识

呼吸过程

部位	主要过程
胸腔	肋间肌和膈肌运动，胸腔起伏带动肺扩张收缩
呼吸道	气体经鼻腔吸入并经呼吸道鼻毛、纤毛、黏液等过滤，气体排出
肺	肺泡与肺毛细血管血液之间进行气体交换

3

冬天吸一口凉气为何身体里不结冰？

    地球上有不同的气候，有春夏秋冬之分，因此不同地区、不同时节，大气的温度也有很大不同。有的地方非常寒冷，呼出的空气里的水蒸气可能一下就冷凝成了冰碴儿。可是，众所周知，我们人类是恒温动物，体温常年保持在36～37摄氏度的范围内。如果身处在非常寒冷的地区，呼吸的时候吸进去这么冷的空气，我们的身体内部温度会下降很多吗？呼吸系统会首先被冻出冰碴儿吗？

    要探索这个问题，我们就得再认识一下我们呼吸系统的组成部分——呼吸道，答案就在它们之中。

    人体呼吸系统中的呼吸道从外向内依次有鼻、咽、喉、气管、支气管等器官或组织，呼吸道的特点是具有软骨支架，黏膜上皮具有纤毛，既能保证气流畅通地经过，也能"过滤"和排出空气中的尘埃或异物。

    气管和支气管像倒立的树枝一样组成呼吸系统的架子，气管内有黏膜能够分泌黏液，其上皮有杯状细胞，细胞顶部的纤毛会向咽喉的方向不停颤动，把外来的尘埃、细菌连同黏液一起送到咽部（也就是痰），以此使进入肺部的空气保持清洁。

看一眼必须收藏的知识点

咽喉的"双重身份"

咽喉担当着双重角色，既是消化系统的通道，也是呼吸系统的要道。当吃东西吞咽时，咽喉部的会厌软骨会像个盖子一样盖住喉口，以免食物进入气管发生窒息。但是，如果在吃东西时哈哈大笑，有可能让会厌软骨来不及盖上，这样就容易呛到，因此吃东西时不要说笑打闹。

鼻是气体进出呼吸"高速路"的第一道关卡，它也是嗅觉器官，结构上包括外鼻、鼻腔和鼻旁窦三部分。鼻腔的前部分（鼻孔）生有可以阻挡空气中灰尘的鼻毛，鼻腔内表面的黏膜可以分泌黏液，能使吸入的空气清洁并变得湿润，黏膜中还分布着丰富的毛细血管，可以温暖空气。所以，鼻腔对吸入的空气能起到清洁、温暖、湿润的作用。

鼻毛、纤毛、黏液，这些部位对外部吸入的空气进行了一层又一层的处理，使得空气到达肺部之前已经被过滤干净且变得温暖而适宜人体。这也解释了为什么即使外部空气很冷，仍然不影响人体正常呼吸，人体也不会因为吸入冷空气而被冻成冰棍儿。

看一眼
就能懂的生物学常识

呼吸道成员

名称	特点
鼻	呼吸第一关卡，有鼻毛，可分泌黏液
咽	呼吸系统和消化系统共同要道
喉	
气管	倒立的树枝状，可分泌黏液，有纤毛
支气管	

4

小小感冒，可笑可笑？

　　谁的人生没有经历过感冒呢？孩童时期抵抗力弱，可能吹了冷风或晒了骄阳就感冒了，头痛、咳嗽、流鼻涕甚至发烧……感冒很不舒服，可是大人们好像都习以为常了，爸爸、妈妈、爷爷、奶奶可能会在自己感冒的时候说，小感冒嘛，吃点药睡一觉就好了，仿佛感冒真不是个事儿。那么，感冒到底是什么呢？它究竟是个小事还是个值得重视的大事呢？

　　如果我们去药店，可以看到一些中成药类的感冒药的名字含有"风寒感冒""风热感冒"的字样。其实，在中医理论中，会根据感冒的原因，将其划分为风寒感冒和风热感冒。

看一眼就要记住的知识点

风寒感冒

风寒感冒，顾名思义，是由于受到寒冷的侵袭（比如吹风受凉、气温下降未及时加衣服等）而引起的感冒，症状一般是浑身酸痛、鼻塞流涕（多是清鼻涕）、咳嗽有痰（多是白痰）。风寒感冒多发生在秋冬季节，由于气温开始变冷，身体被寒气侵袭的可能性变大，感冒的概率也变大。通常感冒的起因还伴随着休息不足，因为身体休息不好，免疫力容易下降。风寒感冒的预防措施为注意保暖、加强锻炼、保证睡眠等。

看一眼必须背会的知识点

风热感冒

风热感冒，当然就与热有关啦！风热感冒多发于春夏季，症状表现为浑身发热、头部胀痛、咽喉肿痛、咳嗽，黏痰为黄色，鼻涕黄绿色，口渴，舌尖泛红，等等。病症的原因主要是气候因素与身体抵抗力因素相叠加，比如春季多风，气候逐渐变温暖，身体受风又伴随着热气侵袭就可能感冒。

看一眼必须收藏的知识点

西医眼中的感冒

根据对于感冒的研究，西医认为感冒是身体抵抗力下降，致使外部病菌侵入或身体原本就有的病菌开始"作乱"导致的。造成抵抗力发生变化的原因有很多，有可能是受凉、淋雨、疲劳过度等，从而导致全身或呼吸系统抵抗力降低。这时，人体的白细胞等"抵抗分子"力量薄弱了，外部的病毒或细菌，或原先存在于上呼吸道的病毒或细菌，一看机会来了，便借机在身体迅速繁殖，引起发病。所以，老幼体弱或有慢性呼吸道疾病的人，更容易患感冒。

虽然感冒在不同医学理论中的诱因不同，但其实都可以指向环境的变化影响了身体的平衡状态，从而导致发病。

那么感冒应不应该受到重视呢？

俗话说，"小洞不补，大洞吃苦"。尽管感冒是能够在药物及自身免疫作用下逐渐恢复的，但是如果不重视，在患病时不注意保养，仍然有可能造成病情恶化。

许多人认为，天气寒冷造成的感冒需要养护、保暖、休息，但天气较热引起的感冒就不用怎么管理。实际上，这是种错误的认识。如果不够重视，就可能会导致感冒恶化，使小感冒引起并发症，比如肺炎等。所以无论是风寒感冒还是风热感冒，都需要积极治疗，注意养护，切忌因为是常见"小病"就不当回事。

那么感冒时要注意什么呢？

看一眼 SHENGWU
就记得住的生物趣谈

第一，要保持室内空气流通，适当去户外呼吸新鲜空气；第二，要注意根据气候、时令、温度，穿着适合的衣物；第三，是老生常谈的"多喝热水"，既然水是生命之源，也是细胞工作的必要原料，那么多喝水就会帮助身体更快地"打败"感冒病菌；第四，食物宜清淡，感冒往往伴随着消化系统的工作能力降低，所以既然身体在努力抵抗病菌，就不要额外给它添加负担了。

所谓"防患于未然"，日常预防也很重要！注意通风、加强锻炼、饮食健康、规律作息等都是很好的方式。

"小小"感冒，可一点儿都不可笑呢！大家一定要重视哦！

看一眼
就能懂的生物学常识

中医对感冒的分类

种类	症状	引起原因
风寒感冒	浑身酸痛、鼻塞流涕（多是清鼻涕）、咳嗽有痰（多是白痰）	受到寒冷的侵袭（比如吹风受凉、气温下降未及时加衣服等）而引起
风热感冒	浑身发热、头部胀痛、咽喉肿痛、咳嗽，黏痰为黄色，鼻涕黄绿色，口渴，舌尖泛红，等等	气温变化，热气侵袭

5

又爱又恨的呼吸道黏液

在古代，贵族们衣食住行都十分讲究，他们有一种容器专门用于吐痰，叫作"痰盂"。古代大户人家里的痰盂外观精致，像个艺术品一般，尽显家世的富贵。在日常生活中，我们在公共场合也能找到痰盂，大多已与垃圾桶合为一体，周围还会贴上"禁止随地吐痰"等提示，以满足公共场合卫生管理以及防止呼吸道疾病传播的需要。

 看一眼就要记住的知识点

痰是什么呢？

呼吸系统管道大多会分泌黏液，来黏着外界吸入的空气中的灰尘、异物、病菌等，从而保护呼吸道。当呼吸道（主要是支气管）受到刺激时（比如病原体、干燥空气、刺激性气体等），呼吸道上的腺体和杯状细胞就会加大黏液分泌，这些黏液包裹着异物、病原微生物、炎性细胞、"下岗"的上皮细胞等成分，黏液因而变得更加黏稠，形成"痰液"。最常见的就是感冒或者其他

呼吸道疾病时，我们可能会感觉到嗓子里有痰，想要将其吐出来，而吐出来的就是黏成一团的混合物。

看一眼必须收藏的知识点

为什么痰给人感觉特别黏稠呢？

痰液的黏稠度是多种原因共同影响的结果。第一是它本身的成分中的糖蛋白分子通过化学键相连接形成凝胶状；第二是痰液里含有的钙离子含量与黏稠度成正比；第三是细胞炎症使得自身结构被破坏，细胞中的物质析出会增加黏稠度；第四是痰液的酸碱度影响其黏稠度，偏酸性则黏稠度增加，偏碱性则黏稠度降低。

痰的不同外观往往反映出不同的身体情况。常见的痰有黄色、白色、绿色、粉色等。当呼吸系统健康时，一般没有痰液产生；当痰液发黄时，一般是风热感冒造成的；当痰液呈现白色时，可能是风寒感冒的症状；当痰液呈现绿色时，可能伴随着病菌感染甚至化脓；当痰液变粉色时，要特别注意了，可能代表呼吸道出血，要引起重视。

可能大家会觉得患感冒或呼吸道疾病时有吐痰的感觉很不舒服，但其实如果大家了解了它的产生机制，就会明白这是身体的一种自我保护机制。

在健康状态下，呼吸道的黏液与上皮纤毛进行着机械运动，像一条传送带一样，慢慢地把吸附的灰尘、病菌、异物、"下岗"细胞等向外传输，逐步排到体外，比如鼻屎就是这样来的。这是身体建立的宝贵的物理屏障，帮助我们抵御外来物体的侵袭。只是在感冒或者患呼吸道疾病时，这种保护机制变成了加强版，导致黏液的浓度和黏稠度增强，严重时还会有堵住我们呼吸道的趋势，令人非常不舒服。有一些特别严重的病患，甚至还需要吸痰机帮助其排出痰液。

身体里这些保护我们的黏液，有时真是让我们又爱又恨呀！

看一眼
就能懂的生物学常识

影响痰液黏稠度的主要原因

因素	结果
糖蛋白分子相连接	形成凝胶状质地
钙离子	增加黏稠度
细胞发炎结构破坏	细胞内物质增加黏稠度
酸碱度	偏酸性，则更黏稠

第七章

身体里的绚丽河流

——循环系统

1 流经的地方都是生命活力

——人体循环系统

我们人为了获取能量要吃饭，我们的细胞为了维持生命活动也要"吃饭"。人吃饭依靠消化系统，细胞"吃饭"则依靠循环系统。

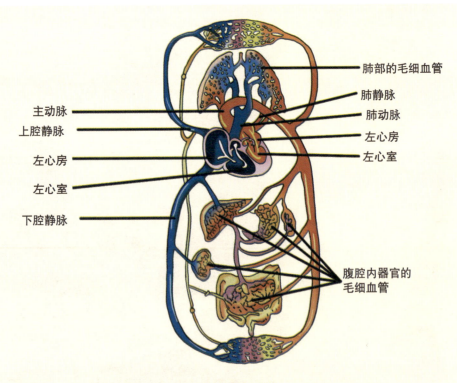

肺部的毛细血管
肺静脉
肺动脉
左心房
左心室

主动脉
上腔静脉
左心房
左心室
下腔静脉

腹腔内器官的
毛细血管

血液循环系统

看一眼就要记住的知识点

人体循环系统

人体拥有十分完善的内环境，通过各种任务系统，完成生命活动必需的各项工作，其中一类就是细胞的"粮草运输官"——循环系统。

循环系统分布于全身，是一整套连续、封闭的，管道中有液体不间断地运动的管道系统，包括血液循环系统和淋巴系统。血液循环系统内循环流动的是血液，通过心脏跳动挤压血液流经身体各处，将氧气等"粮草"送往细胞，将废物运出细胞。淋巴系统内流动的是淋巴液，其沿着淋巴管道向心流动，最终汇入静脉，淋巴系统可算是循环系统的辅助部分。

首先来看看血液循环系统。在我们人类的身体中，这套系统包含了心脏、动脉、静脉、毛细血管等部分。心脏像一个泵，是血液循环的动力器官，随着它夜以继日的跳动，血液从心脏运往全身各处，最终再回到起点。其中，动脉将心脏输出的血液（富含氧气而鲜红）运送到全身各器官，而静脉则把全身各器官的血液（氧气少而偏暗红）带回心脏。遍布全身的毛细血管是动脉和静脉深入身体各部分的分支"触手"，它们的管壁薄，具有通透性，是与细胞进行物质交换和气体交换的场所。

再来看看淋巴系统。淋巴系统包括淋巴管和淋巴器官，其中淋巴器官包括脾脏、扁桃体、淋巴结、骨髓、胸腺等。淋巴系统可以说是作为血液循环的支流，或者循环系统的辅助，在它的循环里，淋巴液由身体向心流动汇入到静脉。

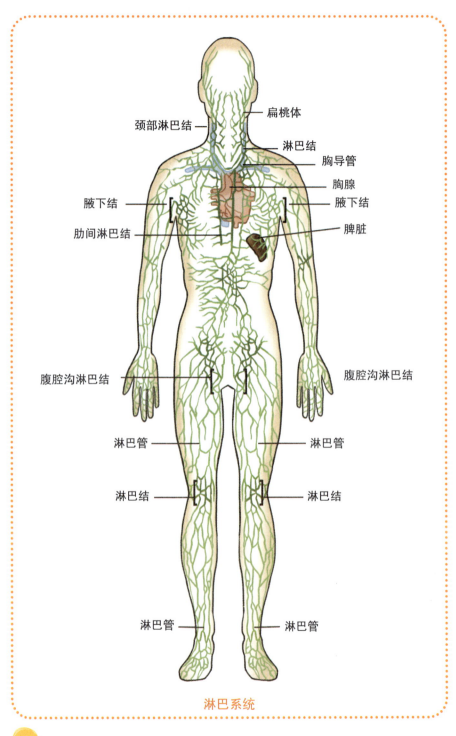

颈部淋巴结

扁桃体

淋巴结

胸导管

胸腺

腋下结

腋下结

肋间淋巴结

脾脏

腹腔沟淋巴结

腹腔沟淋巴结

淋巴管

淋巴管

淋巴结

淋巴结

淋巴管

淋巴管

淋巴系统

那么，在动物的自然进化过程中，循环系统是怎样发展到如今这样复杂的程度的呢？

动物的身体最开始是极为简单的。大多数无脊椎动物的循环系统也基本是开放型循环，没有动脉、静脉或毛细血管这类管道来把血液和组织液分开，在此基础上，循环速度非常慢。

后来少数无脊椎动物渐渐出现了封闭型的循环，比如蚯蚓、章鱼等。在它们的身体里有了血管，使得血液形成了身体和心脏之间的回路，循环速度也变快了，循环系统的作用逐渐开始升级。

绝大多数的脊椎动物身体里的循环系统都是封闭型的，且在具备基本功能（即运送血液）的同时，还升级出了保护功能，能够在搬运"粮草"的同时，把保护细胞（如白细胞）、免疫蛋白等运到需要的地方去。

在生物体当中，血液循环是生命活力的表现，是维持机体正常活动的基础，像河流一样不停息。如果循环系统的器官出现问题"罢工"了，或者管道被堵塞，血液或体液无法循环，那就可能会带来严重的后果，甚至危及生命。在日常生活中，这种现象的起因有心脏疾病、血栓、高血脂等造成的血管壁变厚血液流动不畅、高血压等，都是需要格外注意养护、治疗的疾病。

循环系统，就像是人体这个军营的"粮草运送官"，有了它夜以继日地工作，每个细胞才能吃饱干活。它的所到之处，也正是生命活力延续的保障。

看一眼
就能懂的生物学常识

循环系统分类

类别	组成部分
血液循环	心脏、动脉、静脉、毛细血管
淋巴循环	淋巴管、淋巴器官（脾脏、扁桃体、淋巴结、骨髓、胸腺等）

2

血液的出厂设置也分型号

我们的身体依靠血液输送氧气和养分。动物的血液颜色多种多样，有红色、蓝色、绿色甚至无色，但大多数的脊椎动物血液是红色。

人类的血液是红色的，这红色主要来源于红细胞里的血红蛋白。血红蛋白有个特点，就是能够与氧气结合。所以，动脉血富含氧气显得鲜红，从心肺流去全身为细胞带去氧气；而静脉血含氧量低显得暗红，是从全身流回心肺，把二氧化碳等气体带出去。血液的明暗只是存在于同一个体体内的其中一个小差异。还有一种血液上的差异，是不同个体的生物所持有的标识，那便是"血型"。

看一眼必须收藏的知识点

血型都有啥？

血型是血液成分的表面抗原类型，其中红细胞 ABO 血型系统和 Rh 血型系统最为常见。

ABO 血型的划分，是根据红细胞膜上是否存在抗原 A、抗原

139

B 而确定的，主要划分为 A 型、B 型、AB 型和 O 型四类。当红细胞上仅有抗原 A 时就是 A 型，只有抗原 B 时就是 B 型，同时存在 A 和 B 抗原时就是 AB 型，而抗原 A 和抗原 B 都没有的就是 O 型。

A 型
有"红细胞抗原 A"

B 型
有"红细胞抗原 B"

AB
两种都有

O 型
光溜溜的没有表面抗原

Rh 血型的划分，主要是看人的红细胞上是否具有与恒河猴（Rh 就是恒河猴的缩写）血液中同样的抗原，如果有，就是 Rh 阳性血型，否则则称为 Rh 阴性血型。

过去人们对 Rh 血型系统缺少研究，所以以 ABO 血型系统为主。曾经人们一度认为，因为不同血型的人血清中含有不同的抗体，但不含有对抗自身红细胞抗原的抗体（比如 A 型血的人血清里只有 B 抗原抗体），所以 A 型和 B 型血不能融合（即输血时不能让这两类血型相混合，否则会发生排异和凝血现象），但可以分别与 O 型血融合，而 AB 型血可以接受任何一种血型输血，换句话说就是 O 型是万能供血血型，AB 型是万能接受血型。然而，随着人们对血型的深入研究，发现了血型的多种划分标准，尤其是有了 ABO 血型系统和 Rh 血型系统的划分后，对医学当中输血的血型要求就变得更加严格了。尽管划分更加复杂，但血型的细分是生物学、医学的一项进步，也为挽救病患生命争取到了更大的成功率。

在我国，人们的血型里，A 型、B 型及 O 型血各占约 30%，

AB 型仅占 10% 左右，分布还算比较平均。而 Rh 阳性血型的人群约占 99%，而 Rh 阴性血型的人仅占 1% 左右，这就是 Rh 阴性血型也被称为"熊猫血"的原因，电视剧里有时也会上演着急寻找"熊猫血"救人的情节。Rh 血型系统是红细胞血型中最复杂的一种，目前已发现的就有 40 余种 Rh 抗原，只是其中 D 抗原的抗原性最强，所以人们将含有 D 抗原的称为 Rh 阳性，不含 D 抗原的称为 Rh 阴性。这里要温馨提示大家，假如自己或者身边的人有 Rh 阴性血型，在需要手术前或因其他可能导致出血的情况就诊时，一定要跟医生说明情况，以便提前备血。

血型概念除了在医学中有参考意义外，在人类学、遗传学等学科都有广泛的实用价值。下面让我们来讨论一下关于 ABO 血型的遗传。

血型遗传来自细胞中的染色体，ABO 血型系统的基因位点在第 9 对染色体上。人的 ABO 血型由 A、B、O 三类基因决定，并且每对染色体上只有其中两个基因，即只能是 AO、AA、BO、BB、AB、OO 这几种组合方式。其中 A 和 B 基因为显性基因，O 基因为隐性基因。例如，在一对染色体中，一个染色体带 A 基因，另一个带 O 基因，这个人的血型遗传组合就是 AO，血型性状上就会表现为 A 型；而当一对染色体中都带有 O 基因时，这个人的血型就会表现为 O 型血。

那么爸爸妈妈的血型会给孩子遗传哪些血型呢？动动脑筋想一想，并在文后找到答案吧！

血型就像是每个人的出厂设置，需要再次强调的是，现实中因伤病需要从外部输血时，必须匹配血型（有时会综合考虑多种血型系统，比如 A 型 Rh 阴性血型），如果胡乱输血或者弄错血型，就会造成被输血方身体的排异反应，血液可能大面积凝结并引起死亡。

看一眼
就能懂的生物学常识

血型遗传规律

爸妈血型组合		子女可能的血型	子女不可能有的血型
O	O	O	A、B、AB
A	O	A、O	B、AB
A	A	A、O	B、AB
A	B	A、B、AB、O	——
A	AB	A、B、AB	O
B	O	B、O	A、AB
B	B	B、O	A、AB
B	AB	A、B、AB	O
AB	O	A、B	O、AB
AB	AB	A、B、AB	O

3 爱你在心口难开

——点亮你我的小心心

　　歌曲、文学作品中总会用"心"表达人的思想，比如爱意（心爱）、痛苦（心痛）、麻木（死心）等。而在生物学中，心脏的最基本功能就是像泵一样，带动血液循环，让生命活下去，可以说心脏就是生命的启动仪。

　　作为脊椎动物的器官之一，心脏就是循环系统中的动力。不同的脊椎动物心脏的结构存在差异，同时也能体现出生物进化的痕迹。比如，鱼类的心脏只有一心房与一心室；两栖类有二心房与一心室；爬行类的心脏有二心房与二心室，其中二心室之间未完全分隔开来；哺乳类和鸟类有二心房与二心室。随着进化等级的增加，心脏的复杂程度也越来越高，泵血的效率也大幅提升。

　　人类的心脏位于胸腔中部偏左下方，在横膈膜之上，两肺之间。它的外形像桃子，体积约相当于一个拳头大小，重量约250克。人类的心脏主要由心肌构成，有左心房、左心室、右心房、右心室四个腔，左右心房之间和左右心室之间都有间隔，所以它们互不相通。而同侧的心房与心室之间有瓣膜（房室瓣），这些瓣膜的特点是能使血液只能由心房流入心室而不能倒流。这种巧妙的自然结构也被学以致用，比如单向阀。

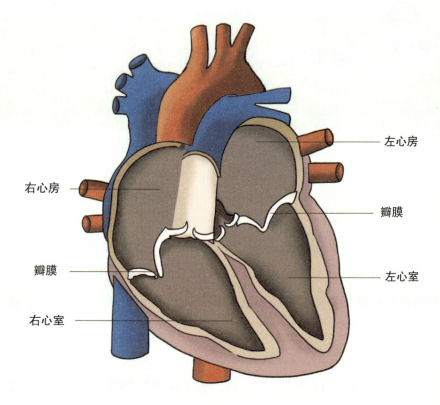

左心房

右心房

瓣膜

瓣膜

左心室

右心室

人的心脏

　　心脏壁内有特殊心肌纤维组成的传导系统，能够发生冲动并传导到心脏各部，这样心房和心室的肌肉就按一定的节律收缩。心脏通过心肌收缩实现"泵"的作用，推动血液在全身流动，以此把氧气、养分送往全身细胞中，把各种内分泌激素运送到靶细胞上来实现机体的体液调节和机体内环境的相对稳定平衡，促成体温恒定等。

　　在安静状态下，一个普通成人的心跳频率大约是每分钟60~100次；如果是运动员，由于经常锻炼，其心率会偏慢一些，大约每分钟50次。

作为人体的启动仪和重要担当，在古时候人们对人体结构还不甚了解，通常会认为心脏主导人的情绪和思想，所以才会衍生出各种带"心"字的与情绪相关的词语。而其实人的情绪和思想是由大脑来控制和决定的。

不过，心脏的重要地位仍不会动摇，毕竟身体硬件的健康是所有的基础。假如心脏不好了，又会怎么样呢？

通常由于缺乏休息、血液成分失衡（比如高血脂）、先天不足等原因导致心血管急性或慢性病变，心脏就会出现非正常的症状，比如胸痛、气促、乏力、心悸、头晕目眩等。当心肌不能获得足够的血液和氧（称为心肌缺血），以及过多代谢产物堆积导致痉挛，也会引发身体不适，比如心绞痛就是由于心肌不能获得足够的血液供应而产生的一种胸部紧缩感。动脉夹层是一种更严重的病症，因动脉病变等原因导致血液渗入动脉夹层中，动脉产生撕裂或破裂，病人会出现剧烈锐痛，病症发生很快且比较严重，甚至会危及生命。

总之，发生心脏不适时，一定要及时就医，不能因为症状不明显、消失快，就觉得没问题了。要知道，心脏的疾病可能导致血液循环停摆，后果是非常严重的。

通常，要保护心脏最好是预防为主，需要控制体重、戒烟、戒酒、合理饮食、适量运动、保障休息时间等。在现代社会中，很多人都不自觉地陷入了不健康的生活方式，因此，关注身体健康，注重心脏的保养显得尤为重要。让我们一起行动，保护自己的"小心心"吧！

心脏腔室分类

右心房	左心房
有瓣膜引导血液单向流动	有瓣膜引导血液单向流动
右心室	左心室

4

血液为什么那样红?

如果我们受伤了，身体的伤口会流出红色的血液，并且伴着一股铁锈般的腥味，这是为什么呢?

看一眼必须收藏的知识点

血液的成分

血液是在心脏和血管中循环流动的一种结缔组织，由血浆和血细胞组成。其中血浆内含血浆蛋白（比如白蛋白、球蛋白、纤维蛋白原等）、脂蛋白等各种营养成分，无机盐、氧、内分泌系统产生的激素、酶、抗体和细胞代谢产物等；血细胞为红细胞、白细胞和血小板。

根据血液的成分分类，它的功能也就包含血浆功能和血细胞功能两部分。血浆功能主要是运输营养、缓冲、形成渗透压、参与身体免疫等。血细胞功能主要有：红细胞负责运输氧气至全身各处以及带出各处的二氧化碳，白细胞主要负责杀灭细菌、抵御

炎症、参与体内免疫，而血小板主要发挥止血功能。

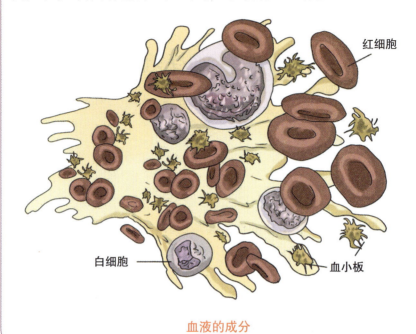

红细胞

白细胞

血小板

血液的成分

看一眼必须背会的知识点

血液的生成

　　你知道血液是如何生成的吗？在人体中，参与造血的组织或器官有胚胎期的卵黄囊、肝、脾、骨髓等，在不同的生长发育时期，负责造血的"设备"是不同的。在胚胎期，卵黄囊承担起造血的第一责任。当胚胎发育到器官逐步形成时，则由肝脏接力负责造血工作，之后随着身体的继续发育，脾接过了造血重任。大约在人类胎儿 4 个月的时候，骨髓开始参与造血，并且成为人体最重要的造血器官。特别是在胎儿出生后，肝、脾逐渐退出"造血圈"，这时骨髓负起造血的全部责任。有趣的是，人的骨髓有红骨髓、黄骨髓两类，其中红骨髓负责造血，黄骨髓脂类占比高，不参与造血，但在人体出现失血过多等情况时，黄骨髓会转化成红骨髓，恢复造血能力。

人体内血量一般是血浆量和血细胞的总和，其中红细胞占比最大，其他血细胞数量很少。每个人体内的血液量，是根据各人的体重来决定的。但同样体重的人，通常瘦子（指脂肪含量低）比胖子的血量稍多一些，男人比女人的血量要多一些。有时候，一些肥胖的人可能有贫血的症状，这时大家可能会疑惑，为什么胖人营养那么充裕，还会贫血呢？这是因为贫血是血红蛋白不足，胖人是脂肪占比高，两者之间并没有直接关系，所以不能以体型来判断人是否会贫血。

看一眼就要记住的知识点

血液颜色

前面我们讲到，血液的颜色是有差别的，人类等脊椎动物的血液的红色来自红细胞内的血红蛋白，血红蛋白能够与氧气结合，含氧量多时呈鲜红色（动脉血），含氧量少的呈暗红色（静脉血）。一般抽血化验、献血抽的是静脉血，所以外观看上去呈暗红色。正因为红细胞及其中含有铁元素的血红蛋白，血液才会是有铁锈腥味的红色。

在生物界，并非所有的生物血液都是红色。比如海底有一种历史悠久的生物鲎，它的血液因为含有铜元素而呈现蓝色，而且这种血液还被作为一些化学试剂的原料。不过，由于鲎的血液非常宝贵，它们被人类大量捕捞后数量急剧下降，目前已被列入了濒危和重点保护动物。

看一眼就要记住的知识点

血细胞工作场景一观

血细胞分为三类：红细胞、白细胞、血小板。在我们的生命活动中，血细胞并非一成不变，相反，它们始终在不断地新陈代谢，直至机体消亡时才停止。通常情况下，红细胞的平均寿命约120天，白细胞和血小板的寿命一般不超过10天。

红细胞形状像个饼子，成熟的细胞没有细胞核，它富含具有铁离子的血红蛋白。血红蛋白能与氧气结合，所以可以将空气中的氧气带给细胞，进行生命的化学反应。当人体血红蛋白不足时，就会出现贫血现象，这时就应该适当多吃铁含量丰富的食物，必要时，医生也会开铁元素营养补剂来对抗贫血。值得注意的是，虽然血红蛋白能和氧气结合，但是它更易和一氧化碳相结合，且不易分离。比如冬季烤炭火时如果门窗封闭氧气不足，炭就不能充分燃烧形成二氧化碳，而是不完全燃烧产生一氧化碳。当空气中一氧化碳含量增高且持续时间较长时，人体内很多血红蛋白都与一氧化碳结合去了，氧气没有血红蛋白负责带了，于是就造成了人的一氧化碳中毒。因此，烤火、烹饪时一定要保持空气流通。

白细胞分为中性粒细胞、嗜酸性粒细胞、嗜碱性粒细胞、单核细胞、淋巴细胞等。与成熟红细胞不同的是，白细胞具有细胞核。它的主要作用是吞噬细菌、抵抗疾病。当病菌侵入人体时，白细胞能集中到病菌入侵部位，将病菌包围、吞噬。如果体内的白细胞数量高于正常值，很可能是身体有了炎症，所以查血化验时，白细胞数量也是查验是否身体有炎症的重要指标。

血小板是只存在于哺乳动物血液中的成分，它们是最小的血细胞，一般形状不规则，没有细胞核。血小板能够发挥止血的功能，主要是在伤口处"抱团"、凝固，阻止血液继续外流。当然，血小板的量需要在正常范围内，过少则难以止血甚至出现内出血，比如血友病；过多则容易形成血栓，阻碍血液流动，甚至引起健康大问题。

作为人体分布最广的结缔组织，血液为身体各处输送氧气（红细胞）、营养（例如葡萄糖、氨基酸、脂肪酸等），带走废物（例如二氧化碳、尿酸、乳酸等），提供免疫功能（白细胞及抗体），发挥信息功能（例如激素及组织损坏信号），调节体内的酸碱值，调节体温，产生液压等，可谓是"超能战士"。

看一眼
就能懂的生物学常识

血液成分

名称	组成部分	功能
血浆	含血浆蛋白、脂蛋白、无机盐、氧、内分泌系统产生的激素、酶、抗体和细胞代谢产物等	运输营养、缓冲、形成渗透压、参与身体免疫等
血细胞	红细胞	运输氧气和二氧化碳
	白细胞	抵抗病菌
	血小板	凝血

5

淋巴为什么叫淋巴？

淋巴为什么叫淋巴？当然是因为英文音译啦！

淋巴系统（lymphatic system）是由淋巴细胞、淋巴管、淋巴结及一些非淋巴结的淋巴组织或器官（如扁桃体、脾脏及胸腺）所构成的系统。它的主要功能是过滤并对抗外来入侵的病毒及细菌，同时还能制造一种负责免疫的白细胞——淋巴球。当病毒侵入人体发生感染时，淋巴结会肿大疼痛。比如，我们患感冒喉咙发炎时，一般在下巴颏下会摸到肿块，就是因为外部病菌入侵而呈战斗状态肿大的淋巴结，等到炎症消失后，自然也就缩小了。

我们的身体上，一般颈部、腹股沟和腋窝的淋巴结会特别密集（注意，它们是躯干的五个端口，这样的分布设计与身体的自我保护有密切关联）。每个淋巴结里都有一连串纤维质的瓣膜，淋巴液就从这里流过，滤出微生物和毒素并加以消灭，以阻止感染蔓延。要注意的是，因为这三个部位的淋巴结十分密集，我们要特别注意不要过度刺激这些地方，以免发生肿大。比如，有些人会选择使用蜜蜡等"暴力"方式脱毛，但是这种方式刺激性很强，如果用于腋窝，可能会导致淋巴结肿大，所以要谨慎。

看一眼必须收藏的知识点

淋巴系统的成员

①淋巴管道：包括毛细淋巴管、淋巴管、淋巴干、淋巴导管。毛细淋巴管是淋巴管道的起始段，淋巴管由毛细淋巴管汇合而成，外形呈串珠状。淋巴干由淋巴管汇合形成。淋巴导管有两条，分别是胸导管（左淋巴导管）和右淋巴导管。

②淋巴器官：包括淋巴结、扁桃体、脾和胸腺。淋巴结呈扁圆形或椭圆形小体，成群聚集。扁桃体位于咽部，有时候如果感冒或病菌感染，扁桃体的小洞上会因为堆积了白细胞、灰尘、病菌等而形成扁桃体结石，如果扁桃体结石松动被咳出，将其捏碎会闻到恶臭。脾是体内最大的淋巴器官。胸腺位于胸骨柄后方，分左右两叶。

③淋巴组织：以网状组织为基础，网孔中充满大量的淋巴细胞和一些巨噬细胞、浆细胞等。

④淋巴细胞：白细胞的一种。它们具有特异性——因为表面有抗原受体，用以识别抗原，不同淋巴细胞的抗原变体不同，每一个受体只能与相应的抗原相结合；还具有转化性，正常体内大多数淋巴细胞处于静止状态，当某种淋巴细胞受到相应抗原刺激后才被激活并产生免疫效应。此外，淋巴细胞还具有记忆性——淋巴细胞经抗原激活转化后，分裂增殖形成的细胞中，有一部分再度转化为静息状态的淋巴细胞，称为记忆性淋巴细胞，其寿命往往可达数年或终生存在，并且在遇到相应抗原刺激后，能迅速

转化为效应细胞，及时清除抗原，使机体免于发病。这也是注射疫苗能够帮助人体产生对应疾病的抗体的原理。

⑤淋巴小结：淋巴小结分散在全身各处淋巴回流的通路上，比如颈、腋下、腹股沟等处。它们与淋巴管相连通，是淋巴回流的重要滤器，也是机体产生免疫反应的重要场所。

当病原体、异物等有害成分入侵机体内部浅层的结缔组织时，随组织液进入遍布全身的毛细淋巴管，并随着淋巴回流到达淋巴结。有害成分在淋巴液缓缓地流动中，充分与其中的巨噬细胞接触，于是给了巨噬细胞机会去清除这些有害成分，从而保护机体不受侵袭。

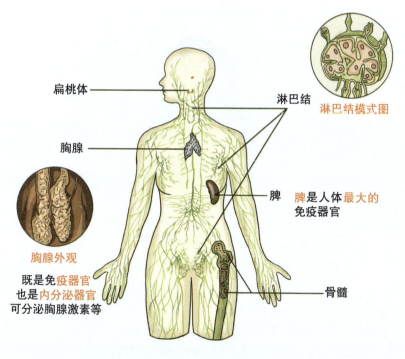

扁桃体

淋巴结

淋巴结模式图

胸腺

脾

脾是人体最大的免疫器官

胸腺外观

既是免疫器官
也是内分泌器官
可分泌胸腺激素等

骨髓

人体内的免疫器官示意图

前面我们提到，淋巴系统可以被看作是血液循环系统的辅助，因为它具有很重要的生理意义：

①能回收蛋白质。由于蛋白质分子较大，组织间液中的蛋白质分子不能通过毛细血管壁进入血液，但它们比较容易透过毛细淋巴管壁而形成淋巴的组成部分，并被带回血液，使组织间液中蛋白质浓度保持在较低水平。

②能够运输脂肪和其他营养物质。在肠道消化吸收过程中，大部分被吸收的脂肪都是小肠绒毛的毛细淋巴管负责运输的。

③调节血浆和组织间液的液体平衡。

④清除误入组织的血液细胞和外部病菌，形成防御作用。

淋巴循环的各个成员都是默默奉献型，像是人体内的螺丝钉，努力工作着，为生命的健康贡献它的力量。

看一眼
就能懂的生物学常识

淋巴系统组成

名称	示例或特点
淋巴细胞	转化性、特异性、记忆性
淋巴管	毛细淋巴管、淋巴管、淋巴干、淋巴导管
淋巴结	颈、腋下、腹股沟较为密集
非淋巴结淋巴组织或器官	扁桃体、脾脏及胸腺

第八章

人体的清洁工

——排泄系统

1 肾脏公寓里住着的肾小单位

说"肾脏"可能比较书面化，一说"大腰子"，大家是不是立马熟悉起来？有没有想到烧烤摊和火爆腰花呢？

在食物界，人们主要食用的有猪、羊的腰子。在烹饪前，需要使用料酒去除其上的特殊气味（毕竟是生产尿液的地方，会有氨类气味等）。不过，下面我们要讲的可不是食谱，而是我们人体的重要器官——肾脏。

肾脏是一对红褐色的脏器，形状很像蚕豆或扁豆，位于腹膜后脊柱两旁。它的形状具有一定的特色，我们日常生活中还会用它的名字命名食物，比如腰果。肾脏凹陷的一侧叫作肾门，它是肾静脉、肾动脉出入肾脏，以及输尿管与

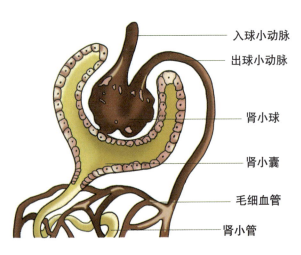

入球小动脉

出球小动脉

肾小球

肾小囊

毛细血管

肾小管

一个肾小单位的结构图

158

肾脏连接的部位。这些出入肾门的结构，被结缔组织包裹，合称肾蒂。由肾门凹向肾内，有一个较大的腔，叫作肾窦。肾窦由肾实质围成，窦内含有肾动脉、肾静脉、淋巴管、肾小盏、肾大盏、肾盂和脂肪组织等。

假如把肾脏做一个纵向切面，我们可以

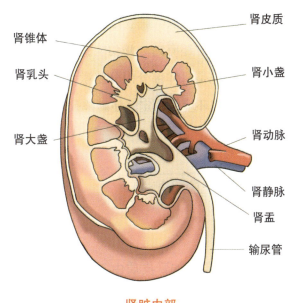

肾脏内部

看到，肾实质可以分内外两层：外层为肾皮质，内层为肾髓质。肾皮质位于肾实质表层，富含血管，由一百多万个肾单位组成。每个肾单位由肾小体和肾小管所构成。肾髓质则在肾实质的内层，因为血管较少，所以颜色淡红。肾髓质包含10～20个三角形肾锥体，它们的尖端是肾乳头，都向着肾窦内的肾小盏漏斗部开口。每个肾有7～8个肾小盏，相邻2～3个肾小盏合成一个肾大盏。每个肾有2～3个肾大盏，肾大盏汇合成肾盂，肾盂出肾门后逐渐变细，导向输尿管。

肾脏是人体排泄的主要脏器，它们的基本功能就是过滤身体里的代谢废物、毒素等，借着水为溶剂，生成尿液排出体外。同时因其还具备重吸收功能，可以通过保留部分水分及其他有用物质，比如葡萄糖、蛋白质、氨基酸、钠离子、钾离子、碳酸氢钠等，调节身体的水平衡、电解质平衡和酸碱平衡。如果肾脏出现病症，可能重吸收功能就会受到影响，部分有用营养物质就会随尿液排出体外，比如蛋白

尿，因此通过尿液、血液检验，可以判断肾脏功能。

肾脏同时还有内分泌功能，它们可以生成肾素、促红细胞生成素等，同时也是机体部分内分泌激素的降解场所。肾脏的这些功能，保证了机体内环境的稳定，使新陈代谢得以正常进行。

看一眼必须背会的知识点

肾单位

　　每个肾脏的肾皮质由 100 多万个肾单位组成。每个肾单位包括肾小球、肾小囊和肾小管三部分，肾小球和肾小囊组成肾小体。肾单位是肾脏结构和功能的基本单位，可以理解为一个大公司的小团队，或者大公寓里的小房间。

　　肾小球是个血管球，由肾动脉的分支形成。肾小球外有肾小囊包绕，肾小囊分两层，两层之间有囊腔与肾小管的管腔相通。肾小管汇成集合管，若干集合管又汇合成乳头管，而尿液由此流入肾小盏，最终经输尿管进入膀胱。

　　为什么说肾脏是重要的人体器官呢？作为泌尿系统的"老大"，它们发挥着重要的作用：

　　①排泄体内代谢产物和进入体内的有害物质

　　人体每时每刻都在新陈代谢，在这个过程中必然会产生一些人体不需要甚至是有害的废物，其中一小部分由胃肠道进行排遗，绝大部分由肾脏排泄到体外，在这样的吐故纳新中，人体才能保持正常。在此基础上，由于肾脏还能把进入体内的一些有毒物质排出体外，药剂学上利用这一功能研发一些药品，在达到治疗作用后，通过肾脏排出其代谢物，我们在一些西药的说明书上可以看到此类说明。当然，有些化学药品中毒也会给肾脏造成一定损害，比如过量服用或者本身就对肾脏有害。另外，如果肾脏有问题，这些对人体有害物质的排泄受到影响，废物在体内积聚，就会引起各种病症。比如，一些老年人患有糖尿病等基础病，如果遇到并发症导致肾脏受损，排泄受到阻碍，那么身体就会因为堆积废物而产生严重的后果，此时就需要及时就医，先通过透析过滤废物，再对症做进一步治疗。又比如一些严重肾病（如尿毒症），肾脏失去功能，也需要人工排除血液中的废物毒素，即"透析"。

②通过尿的生成，维持水的平衡

当血液流过肾小球时，会滤出一种和血浆一样但不含蛋白质的液体，称为原尿。原尿可不是我们直接排出体外的尿液。它还会通过肾小管，被重新吸收其中绝大部分水、全部的糖和一部分盐，这些物质会回到血液中，剩下的含有残余物质的液体才是尿。一个正常人一天尿量为1000～2000毫升，一般呈淡黄色（当然颜色受到饮水量影响，饮水少则颜色偏黄）。由于废物都需要水做溶剂，所以保证每日饮水量非常重要。假如长期饮水量不足，废物无法完全溶解，就会在肾脏、膀胱结晶，并最终转化为肾结石和尿路结石，那可是非常疼痛的感受啊！

③维持体内电解质和酸碱平衡

肾脏对体内的各种离子具有调节作用。比如，钠离子的调节特点是多吃多排、少吃少排、不吃不排；钾离子是多吃多排、少吃少排、不吃照排。这些离子（即电解质）的平衡对体液的渗透压稳定很重要。

通过肾脏代谢，可以把身体里的过量酸性物质排泄到体外，由此

稳定酸碱环境。比如有一种物质叫尿酸，与摄入的嘌呤含量有关，汤水、火锅的嘌呤含量高，如果身体代谢不足，就会堆积形成痛风。在日常生活中，很多肾脏病人出现酸中毒，也是因为肾脏失去了维持体内酸碱平衡的功能而产生的。所以，肾脏可以说是身体内环境的"稳压器"。

④调节血压

由肾脏分泌的肾素（如肾上腺素）可使血压升高，而肾脏分泌的前列腺素又具有使血压下降的功能，二者相互协同，起到调节血压的作用。

⑤促进红细胞生成

肾脏可分泌促红细胞生成素，能够作用于骨髓负责造血的部位，促进原始红细胞的分化和成熟，促进骨髓对铁的摄取利用。一些情况下，基于肾脏对血红蛋白生成的影响，贫血与肾脏的衰竭存在着密切的因果关系。

⑥促进维生素D的活化

维生素D在体内必须经肾脏转化才能发挥其生理作用。当被转化后，维生素D的转化物质才能促进胃肠道对钙、磷等元素的吸收，才可促使骨钙转移、促进骨骼生长及软骨钙化，才能促进肾小管对磷的重吸收，使尿磷排出减少。

了解了肾脏的功能和作用，我们就能更加明白它的重要性。所以一定要注意饮水和健康饮食，以保证肾脏的健康，毕竟健康的器官是难以替代的。

看一眼
就能懂的生物学常识

肾单位的构成

肾单位的构成	肾小球	一颗血管球
	肾小囊	包绕肾小球
	肾小管	汇合为集合管最终指向肾小盏

2 一个伸缩自如的袋子

——膀胱

人类喝了水为什么不是时时刻刻都需要去厕所排尿呢？为什么会有"尿急"的感觉呢？这些都和膀胱这个器官息息相关。

膀胱是一个由平滑肌组成的囊形储尿器官。成人的膀胱位于骨盆内，其后端开口与尿道相通。膀胱与尿道的交界处有括约肌，通过收缩和扩张，它可以控制尿液的排出。

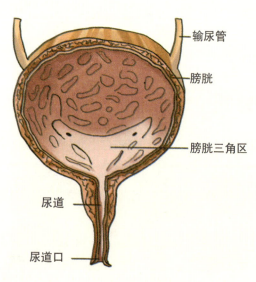

输尿管

膀胱

膀胱三角区

尿道

尿道口

膀胱的构成

膀胱的弹性很好。在古代，人们还会利用富有弹性的猪膀胱来储存一些物品。当尿液排空的时候，膀胱呈锥体形，而当尿液充满时，膀胱的形状就变为卵圆形。通常情况下，一个正常成人的膀胱容量为300～500毫升尿液，相当于最大时有一瓶矿泉水的容量。尽管容量较大，但是日常生活中，我们是需要及时排尿来保护膀胱及其"上家"肾脏的健康，过久储存尿液可能会导致毒素被重新作用到人体组织中，也会导致膀胱肌肉因"过载"而受损。所以，正常排尿不憋尿，适当多饮水，就是在保护膀胱哦！

膀胱壁由三层组织组成，由内向外为黏膜层、肌层和外膜。肌层由平滑肌纤维构成，肌肉收缩，可使膀胱内压升高，压迫尿液由尿道排出。在膀胱与尿道交界处有较厚的环形肌，形成尿道内括约肌。人体排尿由平滑肌、括约肌、神经系统等共同作用完成。当膀胱不充盈时，人一般没有尿意，这时候括约肌为收缩状态，防止尿液漏出来。

看一眼就要记住的知识点

排尿感知

人的自主神经和体干神经都能参与到膀胱和尿道的排尿功能中。自主神经包括交感神经和副交感神经，膀胱的感觉传入交感神经和副交感神经时，人就会有一系列与排尿有关的感觉。交感神经传导膀胱的痛觉，副交感神经传导膀胱的牵张感觉和膀胱颈的痛觉，告诉大脑该去排尿了。同时，交感神经能够收缩尿道内括约肌及膀胱颈平滑肌，松弛膀胱逼尿肌，而副交感神经能够收缩膀胱逼尿肌，这样协同作用，就能完成排尿。

　　别小看了这个小小的"袋子"，要是功能失调或是出现病症，可是让人"难以忍耐"的。比如，由于外部病菌不慎入侵，导致尿路感染，就可能会让病患频繁产生"尿急"的错觉，且排尿出现困难，十分难受。如果不及时治疗，导致病菌继续入侵，还可能会造成肾脏感染及病变。又比如，有报道表明，一些吸毒者由于受到毒品的侵害，导致其膀胱产生永久性"缩水"，无法再有效储存尿液，只能终身穿戴纸尿裤等装备防止不慎漏尿。

看一眼
就能懂的生物学常识

膀胱肌的组成

膀胱肌的组成	黏膜层
	肌层
	外膜

3

泌尿系统运行手册

这是泌尿系统运行工作管理和指导手册，本手册旨在梳理泌尿系统的基本组成、主要功能、运行规律等，让我们一起来看看吧！

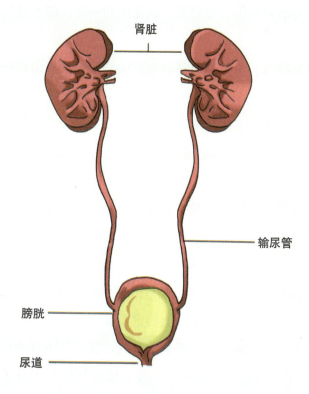

肾脏

输尿管

膀胱

尿道

泌尿系统

主要构成元件

泌尿系统是人体八大系统之一，由肾脏、输尿管、膀胱及尿道组成。

主要功能

泌尿系统的主要功能就是排泄。所谓排泄，是指机体代谢过程中所产生的各种不为机体所利用或者有害的物质向体外输送的生理过程。

被排出的所谓"废物"，一部分是营养物质的代谢产物，一部分是衰老的细胞破坏时所形成的废物，还有一部分排泄物中还包括一些随食物摄入的多余物质，如多余的水和无机盐，蛋白质等。

关于排泄的方式

①由呼吸器官排出，主要是二氧化碳和一定量的水蒸气随呼出气体排出。

②从皮肤排出，主要是以汗的形式由汗腺分泌排出体外，如水、氯化钠和尿素等。

③以尿的形式从泌尿系统排出。

肾脏结构及尿液形成流程

肾脏是排泄的主要器官，生产出来的尿液中所含的都为水溶性并具有非挥发性的物质和异物，物质种类最多，量也很大。肾脏通过调节细胞外液量和渗透压，保留体液中的重要电解质，排出多余的氢离子，维持酸碱平衡，保持内环境的相对稳定。肾脏也是维持内环境稳定的重要器官，同时还可生成某些激素，如肾素、促红细胞生成素等，所以肾脏也是具有内分泌功能的重要器官。

每个肾脏是由100多万个肾单位组成。肾单位由肾小体和肾小管组成，肾小体又包括肾小球和肾小囊。除血细胞和大分子的蛋白质外，血浆中的一部分水、无机盐、葡萄糖和尿素等物质都能通过肾小球过滤形成原尿。人体每天形成的原尿大约有150升，相当于10大桶桶装矿泉水。只不过原尿需要再次过滤才形成真正的尿液，而每天排出的尿液一般为1.5升，仅是原尿的百分之一。

尿的生成在肾单位中完成，它是持续不断的，但排尿是间断的。将尿生成的持续性转变为间断性排尿，这是由膀胱的机能完成的。尿由肾脏生成后经输尿管流入盆腔内的囊状膀胱中贮存。当贮存到一定量之后，膀胱中的神经就会产生尿意，在神经系统的支配下，尿液由尿道排出体外。

总结

人体健康时，要做的就是有尿意时去上厕所，大概体会不到排尿究竟有多么重要。可是泌尿功能失调的病患们却能体会到，能正常产生尿液、正常排尿是多么可贵的事情。比如，以轻症举例，憋尿等原因造成了尿路感染，会有尿急尿痛的感觉，且时常会有尿意的错觉，导致频繁上厕所但尿不出来。以重症举例，尿毒症的肾脏丧失功能，根本就不能过滤代谢废物，于是人首先会变得昏昏沉沉，然后引起酸碱中毒和其他症状，如果不治疗干预则会造成生命危险。

看一眼
就能懂的生物学常识

泌尿系统组成

泌尿系统组成	肾脏
	输尿管
	膀胱
	尿道

4 从厕所马桶看健康

——结实和脆弱的泌尿系统结石

你见过产生尿石的马桶吗？在经历长时间的沉积以后，这些尿石非常顽固，用物理方式甚至清除不掉，需要用含有草酸的清洁剂进行化学溶解才能清除干净。那么为什么尿液本来是液体，会沉积出顽固的石头呢？

尿液是人类和脊椎动物为了新陈代谢的需要，经由泌尿系统及尿路排出体外的液体排泄物。通过排出尿液，机体可调节内环境中的水和电解质的平衡、清除代谢废物。正常人的尿液大多数为淡黄色液体。可见尿液中含有氮元素物质和一些无机盐溶质等。在医学检验中，尿液检查是常用方法之一，尿液成分可以揭示出许多的疾病，比如尿路感染等。

上文中的尿石，其实就是尿液中的溶解成分因为溶剂（水）不足了，在马桶里形成的沉积，只不过因为量少，所以需要很长时间才会沉积出来。

那么，假如尿液里的成分沉积在了身体里会怎样呢？

我们最常听到关于泌尿病症的词语就是：尿急、尿频、尿痛。

尿急：一般是指一有尿意就迫不及待地要排尿，难以控制。尿

频：一般正常成人白天排尿3~6次，夜间1-2次或不排，单位时间内排尿次数增多就会形成尿频。当然，如果是饮水增多、天气寒冷或者精神紧张，又没有其他症状的话，就很可能是生理性尿频而不是病症。

尿痛：就是指排尿时尿道内及周边区域疼痛、感觉灼烧。如果三种情况同时出现，大概率就是患上尿道炎症了。这几个症状，是很多泌尿系统疾病经常会出现的，应尽快去医院诊治。假如尿液成分沉积下来没有溶解，则会在尿急、尿频、尿痛的基础上形成泌尿系统结石，造成身体内放射状疼痛。

尿路结石是最常见的泌尿疾病之一。由于人体结构的不同，男性患者要多于女性。尿路结石可能在肾和膀胱内形成，前者叫上尿路结石，后者称为下尿路结石，二者的形成机制、病因、结石成分等有比较大的差异。比如，上尿路结石大多数为草酸钙结石（小知识：豆腐和菠菜一起烹饪时，豆腐里的钙和菠菜里的草酸就会结合成人体不易分解吸收的草酸钙，影响食材的营养价值），草酸钙特点是比较顽固，不易溶解，一般采用超声波碎石、手术等方式排出。下尿路结石（膀胱结石）中磷酸镁铵成分更多见，相对来说这种成分更容易被分解，一般会采用药物治疗或结合病患部位采取物理排石（比如加强运动使得石头排出）。尿中形成结石晶体的盐类呈超饱和状态，是形成结石的主要因素。有的尿结石呈粉状，有的则相对坚硬，但是无论哪一类，对于泌尿系统都是可怕的，所以一定要注意防治。

饮水特别重要！普通成年人至少保证每日有1500毫升的尿量。大家可能会注意到，自己的尿液有时候清亮一些，有时候偏黄一些，甚至有时会出现白色浑浊的尿液，其实都跟饮水量有关系。在现在社会中，大部分人工作或学习很忙碌，长期久坐，忙到忘记喝水。长此以往，就会给尿液形成尿结晶创造条件，尿结晶距离尿结石仅仅是"长期沉积"的区别。饮水多，尿就不至于过于浓缩，析出晶体的机会就会减少，这样得肾结石的概率也会降低，同时因为尿量较大，还可以降低患尿道炎症的概率。

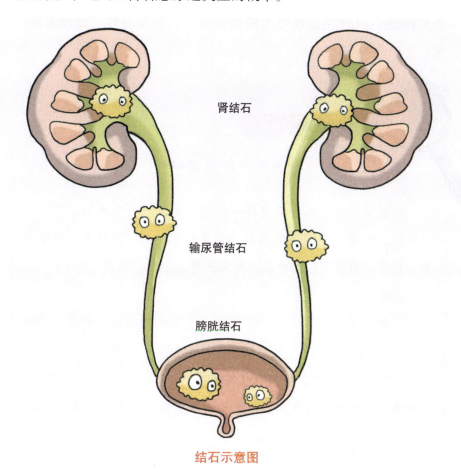

肾结石

输尿管结石

膀胱结石

结石示意图

　　假如患了尿路结石，一般来说，如果尿结石很小，无尿路感染或梗阻现象，肾功能良好，医生可能会尝试保守治疗，避免开刀对器官的伤害，并辅以多饮水、多活动促进石头排出。

　　假如结石较大，医生预估难以自行排出，就可能会用体外冲击波

碎石。它是利用对波的聚焦，将分散的力量集中起来，瞄准人体内的尿结石，将结石粉碎，然后让碎石随尿液排出。

假如结石已经严重到影响肾功能，且预估自行难以排出，一般需要手术治疗，开刀将尿结石取出，这是为了尽快解决影响机能的问题，以避免造成更大的健康损失，算是一种"合理避险"吧！

看一眼必须收藏的知识点

排泄可不是排便哦！

日常生活中大家会有这样一种语言误区——当说到"排泄"这个词，大家会觉得它跟排尿、排便都有关系。实际上，排便书面上称为"排遗"，而排尿才是真正意义上的"排泄"。

所以它们有什么区别呢？

二者作用系统不一样。排遗是消化系统作用的一部分，排泄是排泄系统的一部分，比如泌尿系统。而且，二者生成的物质不一样。排遗是排出未能消化吸收的食物残渣，而排泄是把代谢废物、"作废"的人体细胞等排出体外的生理过程。

排泄和排遗区别

名称	作用系统	排出物质
排遗	消化系统	不被吸收的食物残渣
排泄	泌尿系统等排泄系统	代谢废物或死去的人体细胞

5 生物膜的礼物

——海水淡化的奥秘

从蜻蜓飞行，人类找到了直升机飞行的奥秘；从蝙蝠的超声波，人类找到雷达探测的奥秘……大自然的馈赠，远不止是提供食物，还为人类科技的发展提供了宝贵的"武功秘籍"。在生物泌尿系统的工作原理中，人们通过生物膜的过滤特性探索发明出能过滤特定物质的膜技术。其中一类，便是水的净化。

海水淡化即利用海水脱盐生产淡水。地球表面积有5.1亿平方公里之多，其中海洋就覆盖了3.62亿平方公里。然而，如此广袤的海洋，其中的水却不能直接为陆地生物的生存提供保障，因为它是咸水，无法直接饮用。对于海水的淡化处理，在生物膜技术启动之前，人们也是有所探索的，比如蒸馏法就是最简单的一种，通过让海水中的水蒸腾，就可以与海水里的盐类物质分离，得到较纯净的蒸馏水。

海水淡化技术，可以增加淡水总量，不受时空和气候的影响，比如不会因为冬季淡水结冰导致河流流量减少而使淡水取量受到影响等。在沿海地区，海水淡化可以为沿海居民提供饮用水，为生产提供稳定供水。抛开用"南水北调"这样的大型工程解决淡水来源问题不说，海水淡化技术也是人们获取淡水资源的一种不错的选择。

现在的技术中，海水淡化的方法有海水冻结法、电渗析法、蒸馏法、反渗透法等，其中反渗透膜法和蒸馏法是主流方法。

蒸馏法，顾名思义就是利用水的蒸发，物理性地把水和溶于其中的盐类物质分离开。那反渗透膜法是什么呢？

我们在了解肾脏的工作原理时知道了每个肾单位的结构能够让大分子无法通过生物膜"溜走"从而被身体重新吸收，水、一些无机盐类废物等则通过生物膜形成尿液排泄出去。这在海水淡化方面给予了人类启示。

反渗透膜法，也大概是这个原理。人们利用只允许溶剂（水）透过、不允许溶质（溶解在水里的盐类）透过的半透膜，将盐类与淡水分隔开来。在通常情况下，淡水通过半透膜扩散到海水一侧，从而使海水一侧的液面逐渐升高，直至一定的高度才停止，这个过程为渗透。如果对海水一侧施加一个大于海水渗透压的外部压强，那么海水中的纯水将反渗透到淡水一侧，于是海水淡化得以完成。因为反渗透法是通过物理方式完成的，所以使用这个方法淡化海水，能够节约能源和生产成本，因此反渗透膜法目前成为海水淡化的主要方式之一。基于对工艺复杂程度、成本投入量、环境影响等因素的考量，许多国家和地区都选择使用这个方法淡化海水。

我们知道，世界上淡水资源不足已成为人们日益关切的问题。作为水资源的开源增量技术，海水淡化已经成为解决全球水资源危机的重要途径。相信在研究自然奥秘的过程中，人们还会发现更加便捷高效环保的方法，解决淡水问题，造福全世界。

看一眼
就能懂的生物学常识

海水淡化的方法与特点

海水淡化主要方法	特点
海水冻结法	利用不同物质凝结点不同的特点，对混合物进行物质分离
电渗析法	利用电场将不同离子导向不同电极、结合不同交换膜实现水和各类离子分离
蒸馏法	利用水的蒸发作用分离海水中的物质
反渗透法	利用水压和膜的选择透过特性进行物质分离

第九章

我们感受世界的重要设备

——神经系统

1 我们的一切主观感知都来自神经系统

在自然界中，人类是如此特殊的存在。生物学告诉我们，人类与动物的区别在于会制造和使用工具；心理学告诉我们，人类的独特在于拥有感知、思想、情绪。情绪听起来很抽象，就像研究不透的哲学。但从生理结构上分析，这些感知、思想、情绪，都源自神经系统的活动。

神经系统，是人体内起主导作用的功能调节系统。

人体的结构与功能都是极为复杂的，我们拥有各类器官以及由器官组织等组成的多个系统，它们各自独立工作，同时又相互协同作用，共同维护身体的健康和平衡。要达到完美的协同合作，就需要一个总指挥，而神经系统就是这个总指挥。在神经系统直接或间接的调节控制下，人体的各个系统、器官、组织等互相联系、相互影响、密切配合，生命也因此完整而有趣。

同时，我们的生活环境复杂多变，需要神经系统帮助我们感受外部环境的变化（比如气候变化、周围环境的安全感受等），并对体内各种功能不断进行迅速而完善的调整，使人体适应体内外环境的变化。综上所述，神经系统是人体的"指挥官"，在人体生命活动调节中起着主导作用。

我们人类在自然进化过程中，神经系统得到高度发展，大脑皮层成为调节控制身体的最高中枢，并且成为进行思维活动的器官。在大脑的带领下，人类逐渐有了文明。因此，人类不但能适应环境，还能认识和改造世界。

看一眼必须收藏的知识点

神经系统的构成

神经系统由中枢神经和周围神经组成。中枢神经包括脑和脊髓，它们分别位于颅腔和椎管内，共同组成中枢神经系统。周围神经则包括脑神经和脊神经，它们组成周围神经系统。周围神经分布于全身，它们像是中枢神经的传令官，把脑和脊髓与全身其他器官联系起来，一方面向各个结构传达指令，另一方面从各个结构收集内外环境的变化，同时协同调节体内各种功能，以保证人体的完整统一及其对环境的适应。

神经系统的基本结构和功能单位是神经元（也就是神经细胞），它是一种高度特化的细胞，具有感受刺激和传导兴奋的功能。

神经元由细胞体和突起两部分构成。细胞体"大本营"含有细胞核、细胞质、线粒体等细胞器。突起则像"大本营"的"分支机构"，并根据形状和机能的不同分为树突和轴突两种。树突较短、分支较多，它可以接受冲动，并将冲动传至细胞体。而轴突，每个神经元一般只发出一个，细胞体"大本营"发出的冲动沿轴突传出。一进一出，神经元就能完成发出和接收信息了。

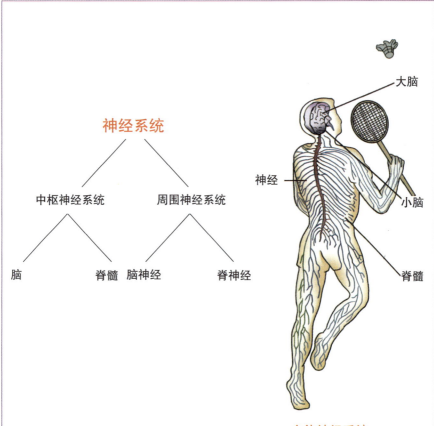

神经系统

中枢神经系统　　　　　周围神经系统

脑　　　　脊髓　　脑神经　　　　脊神经

大脑

神经

小脑

脊髓

人体神经系统

　　神经元的活动和信息在神经系统中的传输是生物电的变化和传播。比如，周围神经中的传入神经纤维把感觉信息传入神经中枢，传出神经纤维把神经中枢发出的指令信息传给效应器，都是以神经冲动的形式传送的，即产生一种生物电变化。

神经元大家族

作为神经系统的基本单位，神经元是一个由不同成员组成的大家族，让我们来一一认识吧！

根据突起的数目分类：上面提到的神经元是常规组成结构，实际上，因为突起数量的不同，神经元可以分为单极神经元、双极神经元和多极神经元。

①单极神经元：单极神经元仅有一个突起，它从细胞体伸出不远便分成两支，一支充当接收信息的"树突"，一支充当发出信息的"轴突"。常见于脊神经。

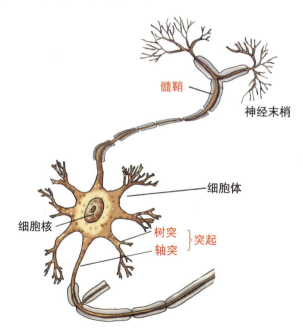

神经系统基本单位——神经细胞（神经元）

②双极神经元：双极神经元的细胞体两端各发出一个突起，一个为树突接收信息，另一个为轴突发出信息。常见于耳部神经、视网膜等。

③多极神经元：多极神经元有多个树突和一个轴突，也就是前文提到的那种神经元结构。多极神经元在神经系统中分布最广、数量最多，它们在中枢神经和周围神经系统中都有分布。

根据神经元的功能分类： 结合神经元的不同工作职能，可以将其分为感觉神经元、运动神经元和联络神经元。

①感觉神经元：一般位于周围神经系统，能够接收来自身体内部和外界环境的各种刺激。

②运动神经元：负责将大脑和脊髓发出的指令从中枢传至肌肉和内分泌腺，从而支配这些器官或组织的活动。

③联络神经元：也称中间神经元神经元之间起联络作用的一类神经元，位于神经中枢的灰质当中，比如大脑灰质。

有一个神经元的组成部分我们不得不提起，因为它与我们每时每刻的感受息息相关，它位于神经系统的"基层"，工作在"一线"，兢兢业业地为我们传递来自世界的各种感受，它就是神经末梢。神经末梢是神经纤维末端的细小分支，它们广泛地分布在我们的皮肤、手指等处，为我们提供敏锐的触感。这里的神经纤维就是神经元较长的突起和其外的鞘状结构。神经末梢接收来自外界的刺激，并传递到中枢神经中。

和一般细胞通过细胞膜进行交流的方式不同，神经元间的联系方式是通过突触完成的。一个神经元的轴突与另一个神经元的树突或细胞体接触，完成信息传递。

通过前文我们已经知道，神经元的活动和信息在神经系统中的传输是生物电的变化和传播，这种生物电，我们称为"神经冲动"。我们的每一种感觉都是一种神经冲动，比如喜怒哀乐，它们的传递速度极快，所以我们从获得外界刺激到表达相应感受，几乎是在不到1秒的时间内完成的。

人类在长期的进化发展过程中，神经系统特别是大脑皮质得到了高度的发展，产生了语言和思维。人类不仅能被动地适应外界环境的变化，而且能主动地认识客观世界，改造客观世界，使自然界为人类服务，这是人类神经系统最重要的特点。

看一眼
就能懂的生物学常识

神经系统

中枢神经	脑、脊髓
周围神经	脑神经和脊神经

当景色映入眼帘，你是如何看到它的呢？

假如没有光，我们看不见东西；而且但是如果所有东西都不反射光线，我们也不会看到它们。为什么呢？物理课里讲到过光的反射，因为物体会反射光，并且因自己的成分不同，对不同波段的光反射情况也不同，因此反射光线显现出的颜色也不同。当这些光反射到我们的眼睛里，并通过神经系统反馈到我们的大脑，也就让我们看到了五彩缤纷的世界。

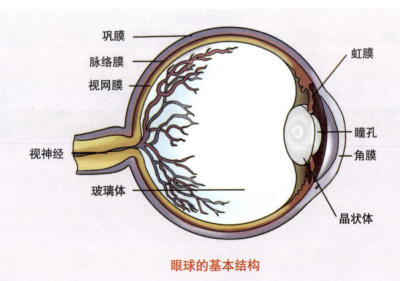

眼球的基本结构

眼睛是心灵之窗。眼睛的视觉能力是人体感知能力中最重要的组成部分，人类的大部分感知收获都来自视觉。睁开眼睛，我们就能看见世界，但你有没有想过，到底是谁主宰了我们能不能看见呢？

视觉，是人类最主要的感官之一，由眼睛作为主要接收设备、神经系统作为识别设备。当直射光或者物体反射光作用于视觉器官后，使其细胞产生"兴奋"，"兴奋"信息经视觉神经加工后，便在大脑中形成"看到"的景象——视觉。通过视觉，人和动物感知外界物体的大小、明暗、颜色、动静，获得对机体生存具有重要意义的各种信息。在日常生活中有80%以上的外界信息经视觉获得，视觉是人和动物最重要的感觉。

在生物进化过程中，动物的视觉是从无到有、从简单到复杂的过程。

最初动物对光产生感觉还不能叫作"视觉"，因为那时候还只有简单的"光感受器"，在这个简易"设备"的加持下，远古动物能够趋光。后来，一些动物进化出更复杂多样的感光器官，拥有了感光细胞或感光色素，已经可以感受到光的强弱等性质了，不过从外观上看，它们的感光器官仍然很简单。在现在的动物中，我们仍然能够找到这样的例子，比如我们日常看见的蜗牛，那两个长得像触角的地方其实不是像昆虫的触角一样的感受器，而是蜗牛的眼点。节肢动物、昆虫等，则有着比蜗牛这类软体动物更加复杂的感光器官。在动物视觉进化过程中，因为生物体、生存环境等多种因素的影响，不同种类动物的光感受器官也表现出不同形式。随着动物进化程度的高低，光感受器官的复杂程度也不同，如昆虫多是复眼且表面积相对较大、视野更广但视觉像素不高，灵长类眼睛辨识度更高能识别更多色彩强弱光等。脊椎动物大都拥有视觉接收器（眼）、视网膜、视觉神经及其

中枢等，而且为了扩大视野、便于观察，眼球还有肌肉可以控制运动，来感受不同方向的光。

看一眼必须背会的知识点

视杆细胞和视锥细胞

为什么猫头鹰、猫咪在晚上还能捕捉老鼠？为什么灵长类动物看到的事物更加清晰？这都要提到脊椎动物的两大类视觉光感受器——视杆细胞和视锥细胞。一些动物只拥有其中一类细胞，但人类是两种细胞都有。

视杆细胞对光的强弱敏感，因此能够让动物在夜里也能够辨别事物形态和周围环境，所以猫头鹰、猫咪在夜里来去自如。只是它们不能作精细的识别和色彩的感受，比如我们在较暗的地方只能看见物体形态而辨别不出颜色。视锥细胞则是能够感受色彩，并且识别更加精细。大家可以试试前面提到的例子，待在房间里，观察房间里物品的颜色，当房间的光照暗到一定程度时，再观察，是不是发现周围的环境看上去几乎只有黑白灰三色，看不出来其他颜色呢？这就是两种细胞在交互工作。

在人的视网膜中，视锥细胞约有 600 万～800 万个，视杆细胞总数达 1 亿以上，所以人类的视觉在动物界数一数二。这些细胞不均匀地分布在视网膜中，以其分布的疏密性不同，不同区域就会体现出不同的视觉功能。

大家有过这样的感受吗？当你从强光处突然进入暗处，眼睛会突然看不清东西，但是等待几秒钟，眼睛就会逐渐恢复视力，

188

能大概看清楚暗处房间内的大致内容。这是视杆细胞的视色素在作用，它叫作视紫红质，是一种色蛋白。当受到强光照射后，视紫红质大部分被漂白，之后它们又会重新合成，只是需要一定的时间。而在视紫红质逐渐恢复中，人对光的敏感度也逐渐恢复，于是视觉又"觉醒了"，这就是由强光处到暗处眼睛视觉的原理。不过，当缺乏维生素 A 时，视觉的这种循环模式受到影响，就难以达到上述对暗处的适应，也就是导致了夜盲。

视锥细胞的视色素性质和变化原理与上述的视紫红质相似，不过它们所含的色蛋白类型不同。视锥细胞的视色素接收到光谱中不同的色光反射，会产生不同的效应，从而使得我们看见五颜六色的世界。

在人类种群中，大多数人的视觉能力正常情况下是差不多的。但是也有少数人，他们的视觉感官能力比普通人更强，主要表现在对于光照的感官，如果普通人眼中只有一种颜色，在他们眼中就可能有几种颜色呈现，这与他们眼睛里的视细胞、视色素构成有很大关系。

我们知道光线能够反射，但大多数人可能没有关注过，我们看到的树叶的绿、花朵的红，都来自光的反射，因为它们把对应的光谱的颜色反射到我们的视锥细胞中，这才让我们知道了绿树红花的样貌，假如它们都不反射光线，我们是看不到颜色的。

眼负责把光线引入进来，视神经负责接收信号并告诉大脑，于是我们才真正意义上算看到了。所以有时候电视剧里演的有人视网膜脱落看不见了，就是因为虽然眼睛还能接收外界的光，但是神经信号却无法有效地传递到大脑，信息停留在了路上。

看一眼
就能懂的生物学常识

眼球的基本结构

前部	中部	后部
角膜		巩膜
瞳孔	玻璃体	脉络膜
虹膜		视网膜
晶状体		视神经

3

在太空能听见声音吗?

　　在大自然中侧耳倾听，鸟声、虫鸣、流水声、风吹树叶声，声声入耳，那么声音来自哪里呢？来自鸟儿的喉咙、虫子的翅膀、小溪的水滴、叶子的互动……在物理学里，声音来自物体的振动，有的物体振动幅度大、有的振动幅度小，有的频率高、有的频率低，于是构成了不同的声音。声音通过气体、液体、固体等介质都可以传播开来，那么我们是怎么听见世界上各种各样不同的声音的呢？

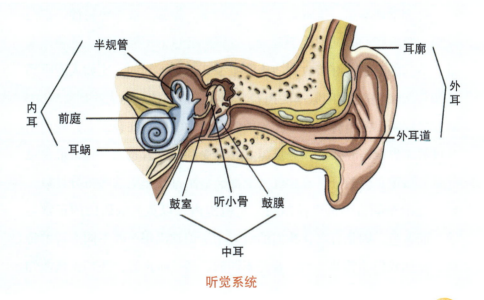

听觉系统

看一眼 SHENGWU
就记得住的生物趣谈

　　我们的身体里有一套完整的声音接收系统——听觉系统，包含耳、听神经和听觉中枢等部分。耳负责接收，听神经负责传输信息，听觉中枢负责分析感受。在三者的共同协作下，听觉感受达成。

　　耳是听觉的主要接收器官，由外向内，耳分为外耳、中耳和内耳三部分，其中外耳和中耳主要负责传音，内耳负责感音。**外耳包含耳郭和外耳道。**耳郭就是我们能够直接看见的头两边的耳朵的部分，它的形状像个喇叭，有利于把外界的声音收集到耳道里，有时为了听远处或细小的声音我们会将一只手张开放在耳朵边上，就是为了增加接收声波的面积，有助于听得更清楚。声音被收集入耳，经过外耳道传入内部。**中耳包含鼓膜、听小骨、鼓室。**外界的声音进入外耳道后，会引起鼓膜作内外方向的振动，并且振动频率与外界声波的频率一致，同时引起三块听小骨的接续传递。**内耳包含半规管、前庭、耳蜗。**耳蜗因形似蜗牛而得名，内部含有对声波敏感的感觉细胞，能够感受外界声波的刺激，再将这些刺激通过听觉神经传给大脑皮质的颞叶，形成听觉。

　　物理学课本里，讲解到了声音有频率、振幅、波形等特性，它们分别会影响我们听觉中关于音调、音强、音色的不同感受。就频率来讲，不同的动物能够接收到的声音频率范围是不同的，比如人能听到在20～20000赫兹之间频率的声音，而狗狗能够接收到大约15～50000赫兹之间频率的声音，所以狗狗的听觉更为敏感。在音强上，我们用分贝数来界定声音强度，分贝越高，感受到的声音越大。日常最常见的是城市道路旁的分贝显示仪，上面会显示过往车辆的鸣笛分贝数，旨在提醒车辆将鸣笛声控制在一定范围内，以免影响居民的正常生活。而音色，则是可以让我们的听觉系统识别出每一种不同声音的特点。比如我们熟悉的人的声音是不同的，通过听声音，我们大概能知道究竟是谁在讲话，我们还能识别出鸟声、虫声、钢琴声等，因为它们都具备自己的音色。

听觉系统对我们感知声音是非常重要的，如果某个环节出现了问题，那么听力就会受到损害。比如，鼓膜因外力、声音过大等受伤了，就需要通过手术进行修复，否则它就不能够再正常产生振动了，就好比一个鼓，鼓面被破坏了，还怎么敲出鼓声呢？如果耳蜗先天或后天损坏了，有时候可以采用人工耳蜗进行辅助治疗，帮助听损者接收声音。除了物理作用，一些化学类的影响也可能影响人的听觉系统。比如，一些人先天对某些药物成分过敏或不耐受，当接受这些药物成分时，可能听觉神经就会被其破坏。比如，链霉素类药物，对某些人群的听神经就会造成几乎不可逆的损害。因此，如果家族中有成员有类似情况，说明可能基因中存在对此类药物成分不耐受的因素，那么其他人在就诊时就一定要提前告知医生，以便使用替代药物。在通常情况下（排除基因因素），大家一定要注意保护听力，比如听耳机时声音不宜过大、时间不宜过长，在声音分贝大的地方（如工作环境机械声音非常大）注意佩戴保护耳罩、耳塞等。

看一眼必须收藏的知识点

相辅相成的五官

我们人体的五官并非相互独立的个体，它们是相互关联、相互协作的，只是各自有个"主营业务"罢了。比如这里我们说到的听觉系统，在内耳中，有半规管和前庭。除了它们本身听觉方面的工作外，它们其实还负责人体的身体平衡、协调等工作，比

如我们乘坐飞机、轮船、汽车时出现眩晕，就是半规管和前庭在起作用。另外前庭还是向肢体传达感官信息的重要中继站。

还有很多五官相辅相成的例子。在我们哭泣时，眼泪有时会从鼻子流出来，是因为眼泪太多，从下眼睑的鼻泪管流进了鼻孔；我们打喷嚏时眼睛也随之闭上，是因为它们使用同一处肌肉；鼻塞时耳朵也有堵堵的感觉，跟里面的压强与外部大气压强形成差异有关；吃东西尝到的味道也伴随着鼻子嗅到气味的影响，所以如果感冒嗅觉暂时失灵，吃东西的味道就没有那么丰富了，会感觉"索然无味"。

既然我们的听觉逃不开物理学的规律，即声音在介质中传播，那么当我们身处在太空中，还能够听见彼此的声音吗？就算我们能够直接在太空中生存（实际上不可以，因为会发生缺氧窒息、体内气压大于外界会发生自爆、低温失温死亡、宇宙射线辐射死亡等情况），没有了介质传播，我们也是听不到对方说什么的。

现实当中，科学家们如果在太空行走，就会通过无线电（是一种波）进行联系，太空服里的人通过声带振动发声，声音被转化为无线电波传给接收人，再重新在太空服里的扬声器中转化为声音，最终被听见。

看一眼
就能懂的生物学常识

听觉系统构成

耳	外耳	耳郭
		外耳道
	中耳	鼓膜
		听小骨
		鼓室
	内耳	半规管
		前庭
		耳蜗
听觉神经		
听觉中枢		

195

4 有趣的触觉

　　当我们还是婴儿的时候，儿保医生会建议爸爸妈妈适当给我们进行"抚触"练习，爸爸妈妈通过用手抚摸我们的皮肤，让我们能够多多地感受皮肤的触感是怎么一回事，去慢慢感受外部世界。这样对我们的发育有一定益处。我们身体的外部有着敏锐的触感，不仅是我们感受世界的工具，也是保护自己的手段。下面让我们一起来认识认识触觉到底是怎么回事吧！

　　用手抚摸家里的猫咪，我们感觉到"毛茸茸"；把手放进小溪里，我们感觉到溪水的"凉爽"；当冷风吹过，我们的皮肤感到"寒冷"；不慎碰到了针尖，我们觉得"刺痛"……这些感受都跟触觉有关系。

　　触觉是由生物体通过身体上的相关感受器接收外界物体的指触和压力信息，并将之传递至神经中枢的过程。人体的各种感受，由感受器负责感受，传输设备神经负责传导，大脑负责识别感知，整个过程其实是神经系统以生物电流形式进行传导的。当我们还是婴儿时，自母体来到外界，我们在此之前除了与羊水、我们自己的身体接触外，并没有其他的东西可以接触。来到外部世界，空气、父母的触摸等都是新的接触和刺激。当这些刺激通过我们的皮肤得到感受，经过末梢神经以电流形式传递给中枢神经，再传递给大脑相应区域，于是各种各样对应的触觉就开始在大脑里形成记忆，所以"抚触"练习就是在刻意扩展婴儿的触觉记忆种类。

触觉在自然动物界也是广泛存在的，且具有很多作用。触觉可以帮助动物捕食，比如海洋中一些软体动物就是通过体表感触器官来感受周围环境并捕食微小生物。触觉可以帮助动物保护自己，比如动物的"假死"动作，当感受到外部触摸时，一些动物会表现为全身僵直像死了一样，以此躲避天敌；警惕状态下的动物受到触摸会快速反应并进行躲避。触觉还可以帮助动物进行定位，比如最常见的就是一些哺乳动物的胡须，它们通过胡须来定位和平衡，如猫咪过通道时，可以通过胡须与通道两端的接触来判断通道宽度，由此确定自己是否能够通过。

此外，植物界也会有一些种群对触刺激有反应，比如含羞草、食虫类植物捕蝇草等。

我们在日常生活中，可能对触觉的存在已经习以为常，可能不能贴切地感受触觉的重要性；可是如果在特定情况下暂时失去触觉，就会知道没有触觉是多么不便了。比如有时候因为治疗需要做手术，为了避免手术带来的痛觉对病人造成不利影响，就需要使用麻醉。当使用局部麻醉时，用药部位暂时就失去了触觉等感受，这时候病人如果用手去触摸这些部位，是难以感受到它们的存在的，就像不是自己的身体一样。又比如，有个别人群因遗传或基因突变等因素，无法感知痛觉，如果受了伤，他们也难以在第一时间察觉，或只有通过看见流血等情况才能察觉，这就不利于第一时间得知身体受伤，也是非常危险的。

看一眼
就能懂的生物学常识

关于触觉

感受器	一般为皮肤直接或间接感受
作用	保护作用，如感知痛觉发现受伤并及时治疗、被天敌触碰作假死反应应对
	了解环境，如动物胡须的丈量作用
	认知世界，如婴儿抚触练习

5 我们身体上的"机关"

——鬼斧神工的神经反射活动

假如手指不小心被尖锐物体刺到，会"嗖"地一下缩回去；如果把奶嘴放到小婴儿的嘴边，他们会自动开始做吮吸动作……我们的身体是不是有什么"机关"呀？难道我们是机器人？在大自然中，动物们饮食、睡觉、繁衍，种种活动又是由什么来告诉它们应该做什么的呢？拥有神经系统的动物物种，无论是简单的动作还是复杂的活动，都是依靠神经系统的调节完成的。而神经调节的基本方式就是"反射"，即对外界或身体内部各类刺激产生有着一定规律的反应。

反射有一个基本结构，叫作"反射弧"，主要包含感受器、传入神经、神经中枢、传出神经、效应器几个部分。其中，感受器负责接收外界的刺激并产生相应的神经冲动，神经冲动通过传入神经传输到神经中枢对应的区域，神经中枢对该类刺激信号进行接收并产生对应的神经冲动，再由传出神经传导给身体对应部位的神经末梢（效应器即是该部位的肌肉、神经末梢等），身体部位根据该神经冲动做出相应反应（比如动作）。

感受器（如皮肤、黏膜）

传入神经

神经中枢

传出神经

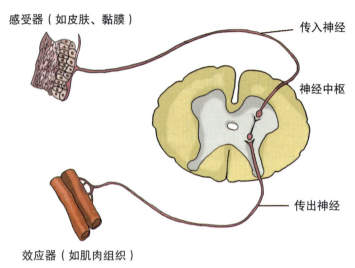

效应器（如肌肉组织）

反射弧

看一眼必须背会的知识点

有趣的神经反射活动

　　我们人体中有许许多多的反射弧，对应着各种各样的动作或反应。例如，膀胱里的尿积累到一定量，我们就会感受到"尿意"，于是我们会去上厕所排尿，这就是排尿反射。其中膀胱肌层的神经就是感受器，把尿量已达上限的信号传递给神经中枢，神经中枢立马下达排尿指令，于是我们会去排尿。排尿过程即是输尿管位置负责控制管道开闭的括约肌放松，尿液经输尿管排出体外，括约肌便是效应器的一部分。又比如，我们跷着二郎腿坐着，如果用手敲击跷着的腿的膝盖，这条腿的小腿部分就会自动弹一下，这便是膝跳反射。类似的还有眨眼反射、缩手反射、婴儿的吮吸反射等。

你发现了吗？以上的举例有一个共同点，就是我们不学习也会拥有这些反射。其实，它们有个共同的名字，叫作"非条件反射"。非条件反射是动物和人生下来就具有的，来自我们的遗传信息。非条件反射能够让我们在发育期时就具备让自己存活下来的能力，比如肚子饿了要进食（食物反射）、强光下眼睛的自我保护（瞳孔反射）、保持眼睛始终湿润（眨眼反射）等。

在非条件反射的基础上，较为高级的动物种群又发展出了条件反射的能力。条件反射是后天训练出来的，一个经典的例子就是"望梅止渴"。吃过梅子的人，都知道梅子酸甜的口感会引起唾液的大量分泌，这种感受会形成身体记忆，等到下次想起或看到梅子时，唾液也就会不由自主地开始大量分泌。条件反射在生活中还会运用到宠物的训练当中，比如训练狗狗坐下、伸爪子、令行禁止等。训练时，当狗狗做出对的动作时，主人会给好吃的作为奖励，于是狗狗就会形成"只要在同个指令下做同样的动作，就能得到食物"的认识，待到下次主人发出指令时，狗狗就会做同样的动作，久而久之，这样的规律就成了这只狗狗的条件反射。

有趣的神经反射活动在我们身上还能找到很多，你还能发现哪些反射呢？它们当中哪些是非条件反射，哪些又是条件反射呢？

看一眼
就能懂的生物学常识

反射弧结构

感受器	接受刺激并产生神经冲动
传入神经	将该神经冲动传导至对应神经中枢
神经中枢	接收信号、产生神经冲动
传出神经	将中枢神经冲动传导至对应位置的神经末梢
效应器	对应身体部位做出反应

第十章

四两拨千斤的内分泌系统

1

小人儿主宰了巨人的生活

我们遇到高兴的事情，会感到开心又兴奋；刚出生时只有几十厘米，却能在十多年的时间成长为一米八的大个子；遇到危急的事情，会出现害怕，但同时可能出现亢奋，以至于为了保住性命，不再害怕曾经恐惧的事物；母亲对孩子无私的爱和保护本能……这些日常的现象或者令人疑惑的情况，都离不开内分泌系统，下面就让我们一起去探索一下吧！

内分泌系统主要由多种内分泌腺共同组成。人体内主要的内分泌腺有垂体、甲状腺、胸腺、肾上腺、胰岛、性腺等，它们通过分泌特殊的化学物质，实现对相应身体结构的控制与调节。内分泌腺一般由腺细胞排列成团状、泡泡状等形态。它们没有导管，所分泌出来的激素，都直接进入到腺体里的毛细血管中，通过血液循环到达身体各处，并作用于靶向身体结构，达到相应的调节作用。比如胰岛分泌的胰岛素，就会在血液中，对血糖产生作用，促使其转化，从而降低血糖浓度。人体内有很多种激素，虽然它们的含量相对于人体总质量来说非常小，但却对人体的生长发育和正常生活起到了非常重要的作用，就像是小人儿却能主宰巨人的生活。

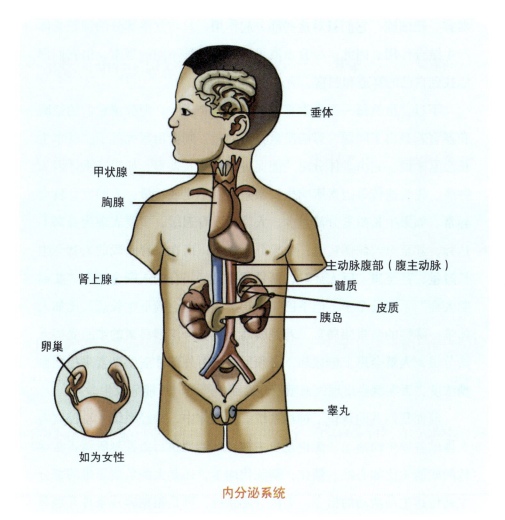

垂体

甲状腺

胸腺

主动脉腹部（腹主动脉）

肾上腺

髓质

皮质

胰岛

卵巢

睾丸

如为女性

内分泌系统

　　内分泌系统的激素由内分泌细胞进行分泌，根据化学性质可以划分为类固醇激素（如性激素）、含氮激素（如胺类、肽类等）等种类。既然激素的种类这么多，而且腺体分泌后都直接进入血液，这样混合在一起，会不会出乱子呢？

　　这就不得不先提到一个概念——靶器官和靶细胞。顾名思义，它们就像是激素的目标靶子一样。换句话说，每一类激素都有自己的靶

器官、靶细胞，它们只对这些部分起作用，只与这些部分的细胞受体产生结合作用。因此，尽管血液里混合着各种不同的激素，但它们都能找到自己的赛道和归宿，有序地各司其职。

不过，虽然每一类激素都有自己的"靶子"，但分泌它们的细胞和器官若是出了问题，影响激素分泌的量，则会出现大乱子。就拿生长激素来说，它由垂体分泌，能促进幼儿生长发育，如果脑垂体因为肿瘤、先天遗传等因素影响生长激素分泌不足或过量，人的发育就会异常。如果生长激素分泌过少，人就会发育迟缓，主要表现为身高不达标，甚至患"侏儒症"；如果分泌过多，尚在发育阶段的人就会生长过量，甚至患"巨人症"，而骨骺线已经闭合的人则会患上"肢端肥大症"，不长个子，但下巴、手指头等部位会畸形生长。又比如人体唯一降糖的激素胰岛素，若是胰岛上负责分泌胰岛素的细胞受损无法分泌，人就会患上糖尿病，必须通过定时外部注射胰岛素来控制血糖浓度，否则就会出现高血糖及并发症，严重时可能危及生命。

前面我们共同认识了神经系统。在人体中，神经系统主动控制着人体的各项生命活动，无论是自主神经低调地执行着控制脏器正常运转的职能（比如心跳、消化、新陈代谢），还是大脑负责思维的部分主动传达主动活动的指令。而内分泌系统，则是根据客观条件开展分泌活动，这些客观条件可能是外界刺激、内环境成分影响等。无论主动还是被动，实践证明，只有在神经系统和内分泌系统均正常时，机体内环境才能维持最佳状态。

看一眼
就能懂的生物学常识

人体内分泌腺

名称	分泌激素
垂体	生长激素等
甲状腺	甲状腺激素等
胸腺	胸腺激素等
肾上腺	肾上腺素等
胰岛	胰岛素等
性腺（男：睾丸，女：卵巢）	男：雄激素；女：雌激素

2

快乐到底是什么？

　　快乐是一种心情，是一种情绪，是一种源自身心的愉悦放松的感觉……从文学的层面，快乐或源于生活，或源于心灵，或源于成长；从生物科学的层面，快乐来自一种物质——多巴胺。多巴胺这个词，在近些年来开始频繁地出现在我们的生活中，比如"多巴胺穿搭""多巴胺食物"等。那么，多巴胺作为一种真实存在的物质，究竟是什么呢？

　　作为地球上的智慧担当，人类有着发达的脑。我们脑中拥有着数千亿个神经细胞，它们分成不同的区域，控制着我们的七情六欲，控制着我们的躯体活动，控制着我们的言语，承载着我们的思想。每一个神经细胞都不是独自"宅家"的存在，它们需要交流，交换信息，形成各种各样的指令。可是，神经细胞与神经细胞之间存在间隙，信号需要"跳过"这些间隙才能实现传递。这要怎样做到呢？每个神经细胞都有"突触"，相邻的神经细胞依靠突触进行"联络"，当需要传递信息时，神经细胞就会释放化学物质，依靠突触实现跨越细胞间隙并进行传导，而这些化学物质被称为"神经递质"。其中一种就叫作"多巴胺"。

多巴胺由脑内分泌，它能够将兴奋、开心等感觉的信息在神经元之间传递，让我们感受到"快乐""愉悦"等感觉。引起多巴胺分泌的外部因素有很多，比如品尝到美味的食物、看到有趣的动画、听见喜欢的歌曲等，这时大脑按常规剂量分泌多巴胺，使得我们感受到能够承受得住的"快乐感"和"兴奋感"。为什么用"承受得住"这样的字眼呢？因为有些外部因素刺激大脑分泌多巴胺，效果很直接、很强烈，会令人体产生依赖，那么这些人就会不断地给身体补充这些"外部因素"，促使大脑不断地分泌多巴胺，由此让他们自己得到持续不断的那种所谓的"快乐感"，这种情形通常可以理解为"上瘾"，最极端的例子就是吸毒这种危害生命安全的犯罪行为。

相比于难过、痛苦、忧愁，人们似乎更偏爱快乐、愉悦，后者总是让人状态更放松、更舒适，我们的身体也会因为心情愉悦而保持健康。所以，多巴胺带来的愉悦感觉成为人们的偏爱。可是，当这种偏爱披上"人造"的外衣，就会失去控制。比如前面讲的吸毒行为，毒品会刺激身体分泌过量的多巴胺，让吸毒者产生兴奋甚至幻觉，从而令吸毒者感觉到"刺激"。但是神经递质的作用会随着量被消耗而减少，从而使得兴奋、愉悦感逐渐减弱。吸毒者出于对那些幻觉般的兴奋感的依赖，为了维持这种感觉，就会持续地摄入毒品。但与此同时，毒品这类人工提纯的化学物质也会逐渐累积，对人体造成伤害，从而导致吸毒者消瘦、精神不济、虚弱甚至死亡。因为可以造成上瘾、身体受损乃至死亡，并引发社会性的恶劣影响，这使得毒品买卖、吸食都被列为刑事犯罪，为法律所不容许。

不过，反面的案例并不代表多巴胺本身是不好的，我们应当辩证地看待事物。多巴胺的产生来自大脑对环境刺激的反应，是一种客观

现象，之所以形成反面案例，是人的主观判断出现了偏差，是对感官的滥用。

其实，多巴胺作为一种神经递质，除了给人带来愉悦、兴奋的主观感受，经研究发现，它还是维持人体正常运转的一个"齿轮"。一些研究表明，多巴胺分泌不足会导致人体对肌肉的控制出现问题，严重的甚至会引起帕金森症，患者会不受控制地抖动，严重影响正常生活。而从外部增加多巴胺，则有助于治疗该疾病。另外，在一些研究中，科学家们发现多巴胺有助于阿尔茨海默症（老年痴呆症）的治疗，也可用于抑郁症的治疗等。这些都与多巴胺能引起兴奋的作用分不开。

虽然多巴胺可引起愉悦、兴奋，但也需要身体里的受体接收到才能产生相应的感觉。受遗传基因、外部环境等多重因素影响，每个人的受体多少是不同的，因此对于外部事物刺激的敏感性也不同，从同一事物上获得的快乐感也就不同。这就是为什么同一个笑话，有的人觉得特别搞笑，有的人却觉得没什么感觉；同样是吃东西，一些人吃一点儿就能感觉到美食带来的快乐了，而一些人却需要吃得更多才能感到相同的快乐。

快乐到底是什么呢？在科学研究里，它是一种神经系统的电流传递，是一种化学物质的作用。可是，作为有思想、有感情的智慧生物，我们赋予了快乐更丰富的层次，它是我们生活的调味剂，是让人生更加有趣的存在。

看一眼
就能懂的生物学常识

快乐感的来源

起因	外部刺激（如美食、有趣事物）
身体反应	大脑分泌多巴胺
	多巴胺在神经元中传递
	身体接收到神经元信息
	产生兴奋、快乐感

3

我是怎么从"迷你版"升级的?

    当我们拿出小时候的照片与现在对比时,会发现我们的样貌变化不大,只是褪去稚嫩,变得成熟了,而我们穿衣服的尺码却比小时候大了很多号。在自然界的脊椎动物中,这样的现象也是普遍存在的。让人体从"迷你版"升级到"大号版",便是生长激素在起作用。

    在大家的记忆里,是不是从小就会定期去卫生院或医院儿保科做身高体重等指标的测量呢?即使在家里,爸爸妈妈有时也会为我们测量身高,有时还会在墙上做记号,以便记录下我们的身高增长过程。那么,为什么需要测量身高体重呢?这是因为身高体重指标是判断生长激素是否正常分泌、孩子是否正常生长的第一直观要素。人的生长发育,在不同的年龄段,会有一个正常变动范围,低于这个标准,就有可能生长过缓;高于这个标准,就可能存在生长过速。当然判断需要多个条件共同佐证,只是身高体重是最直观的一个条件。

    在人的脑中,有一个叫垂体的器官,它能够分泌生长激素。生长激素是一种能促进骨骼、内脏和全身生长的激素,我们在成长过程中,在生长激素的作用下,个子会长高(骨骼生长)、身体由"迷你版"开始不断成长（肌肉内脏等各组织器官生长）。生长激素是在人从婴儿发育为成人的过程中起到关键作用的因素之一。

看一眼必须收藏的知识点

生长激素的多与少

生长激素不足，就会对人体的生长发育产生不利影响。导致生长激素分泌不足的原因可能是先天的，也有可能是后天的。部分患者可能是人体遗传基因中决定生长激素分泌的基因片段缺失，从而导致生长激素不分泌；部分患者则可能是先天或后天脑垂体病变，导致生长激素不分泌或分泌不足。

在成长过程中，如果生长激素缺乏或分泌不足，一般会表现为发育迟于同龄人。比如刚出生时身高大概都差不多，但随着时间的推移，身高增长程度明显低于同龄人。如果早发现，一些生长激素缺乏症的患者可以通过外部注射生长激素等方式治疗、改善；但如果发现或治疗得不及时，就可能引起永久性的身体表现，比如侏儒症，虽然智力正常，但即使人到了成年身高依然跟儿童差不多。因此，在生长发育时期，定期进行儿童保健检查是帮助大人们了解孩子成长情况的有效方法。

既然生长激素对我们人体的生长发育这么重要，那是不是越多越好呢？

我们身体的各个部分，是在一个相对平衡的环境下进行相互协作，来完成生命活动的各项内容的，如果由于一些因素破坏了这样的平衡，身体就无法正常运转。所以，无论是生长激素，还

是其他激素，都需要维持在人体能接受的范围内，这样人体才能正常运行。

当我们还在成长期时，我们的骨骼会在生长激素的作用下生长，比如变长。这时我们的骨骺线是没有闭合的，所以允许骨骼生长。当我们的身体到达一定生理年龄，骨骺线就会闭合，这时身高就基本固定在当前数值了。所以大家看到爸爸妈妈多年来总是那么高，并没有继续变得更高。

如果由于先天或后天原因，导致生长激素过剩，就会引发巨人症或者肢端肥大症。前者主要发生在发育期，那时骨骺线还没有闭合，人体骨骼还会生长，于是过剩的生长激素导致人体过度生长。而后者主要发生在成年期，这时骨骺线闭合了，骨骼不再"拉长"，可是这么多的生长激素怎么办呢？于是就作用在肢体的一些端口上，导致它们发生病变性的生长，比如下巴、手指、脚趾明显大于正常大小，面部的颧骨、眉骨突起，鼻唇肥大，等等。在条件适合的时候，一般可通过手术或药物等对这两类病症进行治疗。

当然，生长激素的缺乏或过剩都属于少数现象。在通常情况下，生长激素仍然通过适当的量和作用，为孩子们的成长贡献力量。这时，孩子们只要注意饮食多样性，积极参与体育锻炼，就会健康茁壮地成长。

看一眼
就能懂的生物学常识

生长激素知多少

名称	生长激素
来源	垂体
作用	促进人体生长发育
缺乏	导致生长迟缓甚至侏儒症
过剩	生长期——导致巨人症
	成年期——导致肢端肥大症

4 "一岗N责"的劳模

——甲状腺

在现代社会中，人们的学习压力大、工作压力大、竞争压力大、经济压力大……这已经成为一种普遍现象。在这样的境况之下，一种人体器官的健康问题逐渐引起了人们的注意，它就是甲状腺。

相比于吃完饭感觉饱饱的胃、腹泻时咕咕作响的肠道、感冒时阵阵疼痛的脑袋，甲状腺好像并不能被感受到，所以大家主动关注它的概率很低，甚至可能都不知道它在哪里。然而，尽管甲状腺是个低调的器官，它的地位却很重要。

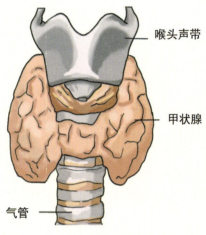

喉头声带

甲状腺

气管

甲状腺的位置

甲状腺形似蝴蝶结，位于我们气管较上端的两侧，分为了左右两叶。甲状腺距离我们的体表如此之近，仅隔着少数肌肉、筋膜和皮肤。当它处于正常状态时，我们从体表一般摸不到它；但是如果因为甲状腺疾病使它肿大时，哪怕只是稍微一点儿肿大也可能在体表有所体现，可以摸得出来。

甲状腺能够分泌甲状腺激素，它实在是一个实干派的器官，担当着多重角色，为我们的正常生命活动贡献力量。

 看一眼就要记住的知识点

甲状腺激素的作用

首先，甲状腺激素对人体代谢具有促进作用。在我们的日常生命活动中，甲状腺激素能够促进糖、脂肪、蛋白质等营养物质的分解，而这些营养物质的分解过程需要氧气的参与并会释放一定能量，所以甲状腺激素对营养物质分解的促进作用就间接促进了人体耗氧和产热。

其次，甲状腺激素能够促进人体生长发育。有一种疾病叫作呆小症，患者为幼儿，主要表现为发育迟缓、神经呆滞、智力低下。患病原因是患儿的甲状腺发育不全或者功能低下，导致身体生长缓慢、神经发育不全。为什么会这样呢？因为在身体的生长发育上，甲状腺激素和生长激素一样，是重要的作用激素，它能够促进骨骼等的生长。而甲状腺激素的另一个重要作用，便是能够促进神经系统发育。当幼儿的甲状腺激素缺乏时，无论是身体的发育还是神经系统的发育都会受到不利影响，形成呆小症。因此，在现

代医疗技术实践中，孕妈妈定期产检也会包含对甲状腺激素的监测，如果宝宝在胎儿时期存在相关激素不足的苗头，医生会进行外部干预，比如让孕妈妈服药，来调整激素不足的情况。

最后，甲状腺激素对代谢有促进作用、对神经系统有影响作用的这一特性，使得它能够对身体一些部位产生促进兴奋的作用，比如神经系统的兴奋、心肌的兴奋等。适当的甲状腺激素，可以促进心率适当加快。

当然，如果甲状腺出现问题，以上作用就会换作其他的表现方式了。

看一眼必须背会的知识点

甲状腺激素异常会怎样

首先，如果甲状腺功能过强，则一般表现为"甲状腺功能亢进症"，主要症状是怕热、多汗、心慌、手抖、突眼等，这些症状对应了甲状腺激素促进代谢、强化心肌和促进神经系统兴奋的作用。

其次，如果甲状腺功能下降或先天不足，甲状腺激素就分泌不足，其作用就会减弱。在幼儿身上，就可能造成前文中说到的呆小症。在成人身上，就可能引起"甲状腺功能减退症"，一般表现为乏力、精神不济、食欲减退等（这些症状与前文中说到的甲状腺激素作用相对应）。

　　值得注意的是，有一种俗称"大脖子病"的疾病，曾在我国的山区等不发达地区非常流行，患者的脖子肿大得非常夸张，并伴随着呼吸困难。这个"大脖子病"也叫作地方性甲状腺肿，与甲状腺先天不足不同，它是由于甲状腺激素中一种组成元素的缺乏造成的，这种元素叫作"碘"。由于碘元素的缺乏，在身体需要的甲状腺激素量确定的情况下，甲状腺就需要更多的"生产设备"来弥补生产力的不足，于是甲状腺就发生了补偿性增生（可以理解为增加更多的生产甲状腺激素的"设备"）。为了改善这种普遍的地方性病症，国家加强了对加碘食盐的普及，使得人们在日常饮食中能够摄入足够的碘元素，保障甲状腺激素的正常合成。

　　尽管甲状腺是个"劳模"，但它也需要休养与呵护。由于接近体表，它更容易受到外部因素的伤害，比如外部辐射；并且不良的生活习惯、过于紧张的情绪等也会引起它的病变，比如现在一些人患甲状腺囊肿、结节甚至癌症等，与其工作生活压力大、情绪病增加有着密切关系。在我们的日常生活中，一定要做好对甲状腺的保护。从心理上，要调节情绪，尽力缓释压力；从身体上，要注意休息、作息规律、健康饮食等；从外部环境上，要尽量避免可能伤害它的因素，比如去做放射性检测项目时，如果不是检查甲状腺，就需要戴好医院提供的"铅围巾"等可以避免甲状腺被辐射的装备。要知道，"劳模"甲状腺可是非常敬业的，好好保护它，才能更健康地感受生活。

看一眼
就能懂的生物学常识

甲状腺激素的作用

作用	表现	不足时的表现	过剩时的表现
促进代谢	促进糖、脂肪、蛋白质等营养物质的分解，增加产热与耗氧	甲状腺功能减退症，食欲不振	甲状腺功能亢进症，怕热、多汗
促进生长发育	促进骨骼等生长、促进神经系统发育	呆小症	/
促进神经、心肌兴奋	神经兴奋、心率加快	甲状腺功能减退症，精神不济	甲状腺功能亢进症，手抖、心慌

第十一章

"看不见"的微观生物世界

1

肉眼看不见的生命

在科学还不发达的古代，人们侧重于相信"眼见为实"，对于肉眼不可见的事物或未知的现象，则往往将其与鬼神相关联。其实，那时候的人们不知道的是，很多未知的现象皆为非常微小的生物所为。随着科学技术的进步，一个微观生物的世界在显微镜的协助下展现在了人们面前，它们种类繁多、各有特色，对人类的生产、生活、健康等方面有着不同的影响，并在大自然中扮演着重要的角色——它们就是微生物。

微生物是一个非常庞大的生物群体，它们虽然单个个体微小到肉眼无法看见，但整个群体的数量、质量都远超肉眼可见的所有动物和植物的总和。从一些角度看，以微生物的体量、它们的悠久历史和它们的作用来讲，甚至可以说微生物才是自然界真正的"主宰"！

既然微生物如此之小，那么它们是怎样被发现的呢？在我们探索细胞的章节中，知道了大约16世纪末期，荷兰有人运用两片凸透镜制作了最早的显微镜。随后，在许多人的探索之下，显微技术越来越成熟。17世纪后期，荷兰人列文虎克就运用自制的显微镜，观察到了存在于人的牙垢中的微小生物，从而将细菌这一生物展现在了世人面前。而在19世纪，法国科学家巴斯德通过一个实验证明了细菌并非突然发生，而是由存量的细菌产生的，并且会导致食物腐败，使得人们对微生物的研究更进了一步。

看一眼必须收藏的知识点

巴斯德实验

巴斯德把一些肉汤放入了一个鹅颈瓶中，并加热煮沸后放置。鹅颈瓶的瓶口又长又弯，外界物质不易进入瓶中。就这样，煮沸的肉汤在鹅颈瓶中放置了一年，仍然保持着清澈的状态。之后，巴斯德把瓶颈打断，让肉汤暴露在空气中，结果才一天，肉汤就变得浑浊起来，随后就发生了腐败。于是巴斯德得出结论，肉汤本身不产生细菌，造成肉汤腐败的细菌来自外界空气中，它们进入到肉汤里，并开始繁殖。

后来，巴斯德还发现了乳酸菌、酵母菌等微生物。并且他还提出了我们耳熟能详的"巴氏消毒法"，用来保存酒和牛奶，现在我们常见的牛奶，有许多会用到这种消毒法，就是采用较低温度（大约60~80摄氏度）在一定时间内对食物进行加热，尽可能杀死食物中的细菌，同时保持住食物的风味。巴斯德的科学贡献也让他被后人称为"微生物学之父"。

看一眼就要记住的知识点

实验中的单一变量法

科学实验中常采用单一变量法来确定实验对象的影响因素。所谓单一变量法，就是在实验过程中，对导致实验对象发生变化的各种因素进行控制，每一次实验，只允许其中一种因素发生变化，其他因素均保持不变，以此排除并确定影响实验对象改变的决定因素是什么。比如巴斯德实验中，要探索细菌的来源，不确定的因素是细菌所在的区域，所以要用单一变量法来排除。加热肉汤并将之保存在外界物质不易侵入的鹅颈瓶中，这样就排除了瓶中、汤中本身有细菌。这样，当打断瓶颈时，如果肉汤发生腐败，就可以确定细菌是来自外界空气中；瓶子未被破坏时，肉汤不曾腐败，就能确定细菌不可凭空生成。

此外，一般来说，除了细菌，微生物中常见的主要成员还有真菌、病毒等。它们有些是原核生物，有些是真核生物，还有些因为结构过于简单甚至一度不被认为是生命。

微生物与人类及动植物的生命活动都息息相关，按照对人类的作用的好坏，它们被分为有益微生物和有害微生物。有益微生物存在于我们生活的方方面面，比如酿酒、做面包、做馒头时使用的酵母菌，我们肠道里的细菌群，它们不仅能够帮助分解食物，还与我们的免疫力息息相关。有害微生物也在许多地方存在，比如引起疾病的致病菌、病毒，对农作物造成损害的植物类病毒，让食物腐坏并产生有毒物质的微生物等。当然，辩证地看，微生物本身并不具备好与坏的定义，只是它们是否为人类所容纳、有益于人类而已。

在现代科学中，人们对微生物的研究越来越细，对于微生物的结构、分类、特性、生命活动、现实运用等都有了越来越深入的发现。结合这些研究，人们"用魔法打败魔法"，比如研究出了疫苗技术，利用灭活减毒的致病微生物制作对应的疫苗，用来保护人体免受这类致病微生物的袭击；利用对青霉菌的研究，生产出能够广谱杀菌的青霉素，将许多病患从死亡线上拉回来；等等。

微生物虽然身量小，却在自然界的平衡中扮演着特别重要的角色，甚至有一些微生物的特点会颠覆我们的传统认知。相信从微生物学的发展中，人类能够获得更多的启发。

看一眼
就能懂的生物学常识

巴斯德实验

程序	作用	成效
鹅颈瓶装肉汤	避免外部物质进入瓶中	防止外部环境影响实验
煮沸肉汤	杀灭肉汤中存量微生物	确保实验前瓶中已无存量影响因素
放置已煮沸过的鹅颈瓶肉汤	观测是否发生腐败	无腐败，证明微生物不能凭空产生
打断瓶颈	观测接触空气后肉汤是否腐败	有腐败，证明微生物由外界进入并在肉汤中繁殖
结论	微生物并不能凭空产生，而是由已存在的微生物产生而来，一些微生物会导致食物腐败	

2

细菌也疯狂

　　在知道微生物之前，人们的普遍认知是体型大小反映生物的战斗力，比如草原上的狮群，总是最勇猛健壮的雄狮会成为首领。可是，如果把微生物纳入比较范围，大家就会发现，即使尺码小到肉眼看不见，微生物也可以掀起轩然大波。其中一类，就是细菌。

　　细菌是一种原核生物，具有细胞壁、细胞膜、细胞质、拟核（DNA集中区域，无成形细胞核）等结构，一些细菌还有荚膜、鞭毛等结构。细菌的种类很多、形态各异，有的我们耳熟能详，有的我们连听都没听过。有的细菌呈球形，叫作××球菌，比如金黄葡萄球菌；有的细菌呈杆形，叫作××杆菌，比如大肠杆菌；有的细菌则呈螺旋形或弯曲形，叫作××螺旋菌或××弯曲菌，比如幽门螺旋杆菌、空肠弯曲菌。

　　细菌各有各的生活环境，有的广泛地分布在土壤、水域中，有的则与动物共生。它们的繁殖能力强，主要的方式是以二分裂的方式一分为二，于是数量就会呈指数增长，一个变两个，两个变四个，四个变八个……在环境条件适宜的情况下，一些细菌不到半小时就能分裂一次，整体数量就翻了一倍。想象一下，如果营养物质足够多，一夜之间，细菌会不会繁殖得占领了整块地盘呀？

　　要说细菌，可真是挺疯狂的，它们的生存方式有许多让我们觉得匪夷所思的地方。

看一眼必须收藏的知识点

细菌的不同分类

　　若是细菌待在我们认为的气温环境适宜的地方生存，倒是能够理解；然而，有些细菌可以在极端环境下生存下来，而且它们还非常适应和喜欢。所以按照生存环境的不同，细菌可以划分为不同的种类。

　　按照生存温度分类，细菌有喜欢寒冷环境的，有喜欢常温环境的，也有喜欢高温环境的。有科学家在一些高温火山湖或海底火山附近就发现过一些嗜热细菌，尽管我们对那里的温度难以忍受，但这些细菌却"甘之如饴"。

　　按照生存环境氧气含量高低，细菌又可以分为需氧型和厌氧型。需氧型的细菌，有的必须在有氧环境中才能够生存，比如能引起肺结核的结核分枝杆菌；有的在低浓度氧气环境下更易生存（不是无氧），比如能在胃里存活的幽门螺旋杆菌。厌氧型的细菌，则会在无氧环境下畅快生长，比如有一种破伤风杆菌，如果人被生锈的铁器划伤，感染这种细菌的风险就会变高，到医院就诊时大多会注射破伤风疫苗预防后续感染。之所以破伤风杆菌在生锈铁器上存在概率更高，极大可能是因为铁器在氧化过程中消耗了其表面空气中的氧气，造就了一个对于小小细菌来说已经算

是无氧的环境,于是破伤风杆菌更容易生存繁殖。同时,人体上的伤口越深,感染后发生破伤风的概率也越高,因为伤口较深时,靠内部的区域几乎不与空气接触,也就形成了破伤风杆菌喜欢的无氧环境,它们在伤口中疯狂扩张的概率变大,人感染的概率也变大了。

看一眼必须背会的知识点

致病菌的耐药性

生长在土壤中的细菌,有的为植物担当分解者,把土壤中的有机物分解为无机物,提供给植物作为生长原料。能在人体内生存的细菌,有的是有益菌类,能帮助人体打败有害菌类、帮助消化分解食物等;而有的是致病菌,会引发人类身体不适,严重的甚至危及生命。

在此背景下,科学家们在研究中发现了抗生素,一类来自微生物,能够杀灭多种致病菌的物质。1928年,英国科学家弗莱明在研究青霉时发现了一种叫作青霉素的抗生素,挽救了很多受细菌感染生命垂危的人。此后,人们研究发现了更多类别的抗生素,尽管在一定时期内,这些抗生素都能有效地帮助人们杀灭致病菌,可是随着时间的推移,人们发现一些抗生素的效用似乎减弱了。

其实,抗生素的作用并没有改变,真正发生变化的,是致病菌本身。我们已经知道自然选择理论,环境会淘汰不适应生存的物种，保留能够适应环境生存下来的物种，而人类使用抗生素，便是人为制造了一个这样的"优胜劣汰环境"，让容易被抗生素杀灭的致病菌越来越少，让能够抵抗住抗生素的致病菌种类越来越多，越来越明显地体现出耐药性。如果适当地使用抗生素，这个过程会稍微缓慢些；但如果滥用抗生素，不管病情轻重都使用抗生素，那么久而久之，抗生素就会难以奈何这些致病菌了。其中比较极端的例子就是"超级细菌"，它对于高剂量的抗生素毫无反应，这就使得治疗工作变得非常艰难。发现致病菌存在耐药性后，人们也开始反思，在临床医学中也逐渐慎用抗生素了。

细菌与人类的生活息息相关，它们可能会帮助我们更好地生活，也可能让我们为疾病而头疼。在人类探索微观世界的道路上，我们要不断建立与微生物平衡共生的关系，相信未来将更加美好！

看一眼
就能懂的生物学常识

细菌分类

按适应温度	嗜冷菌
	嗜温菌
	嗜热菌
按照对氧气需求	需氧菌
	厌氧菌

3

可大可小的真菌

你吃过木耳、蘑菇吗？一朵朵长在朽木或潮湿的土壤里，烹饪后有着各自的风味。你见过放置许久的橘子表面青蓝色伴有刺激性气味的斑块吗？无论是木耳和蘑菇，还是橘子皮上的斑块，都属于一类生物——真菌。

真菌是一种真核生物，有单细胞的，比如酵母菌；也有多细胞的，比如各类蘑菇。真菌的细胞结构含有细胞壁、细胞膜、细胞质和细胞核。与细菌一样，若是按照对人类的生产生活是否有利来划分，真菌也分为有益真菌和有害真菌。

看一眼必须收藏的知识点

真菌的 AB 面

我们先来看看对我们的生产生活有益的真菌吧！

人类对发酵技术的研究和掌握由来已久。酿酒时就需要用粮食发酵，在一些考古现场，人们就发现过残存的酿酒痕迹。制作

我们日常的面食（比如面包、馒头、包子）的面团
也需要用到发酵技术来发泡，以保证做
出来的面食有弹性。而发酵的必备武
器就是真菌——酵母菌。酵母菌是兼
性厌氧型的单细胞真菌，有氧或无氧环境
都能生存，只是不同环境发生的反应不同。
当氧气不足或无氧时，酵母菌将粮食或水
果里面的糖转化成乙醇和二氧化碳，酿酒就
是这样保留了酵母菌产生的乙醇，混合着粮
食或水果的香气，形成不同的酒类，比如白酒、
葡萄酒；而在制作面包等面食时，也需要把面团和
酵母放在一个密闭空间内进行发面，酵母无氧活动产生的二氧化
碳在面团中形成一个个小洞，使得面团富有弹性，而产生的乙醇
则在拿出面团后逐渐挥发出去了，不过发面后，我们还是能够闻
到一股酒香味。酵母菌的特性，为人类的饮食提供了更多的丰富性。

前文我们提到科学家弗莱明发现了青霉素，这便是真菌为我
们的生活带来的另一个有益方面——抗生素。真菌的生命活动中，
会生产出抗生素，对于真菌本身这只是不同生命活动时期的一个
产物，对于人类而言，则是医学上的一个飞跃。因为抗生素的发现，
人类对抗住了许多过去视为绝症的细菌感染类疾病。当然，适当
使用抗生素也是必要的。

对于一些真菌，我们则直接将其作为食物，它们就是蕈菇类。
常见的蕈菇类真菌有银耳、木耳、各种各样的蘑菇等。当然，其
中有一些蕈菇类是有毒的，误食轻则出现幻觉，重则危及生命，

是不可以吃的。人类能食用的都是烹饪后无毒的一类蕈菇，是经过千百年的筛选逐渐确定的蕈菇种类，比如香菇、草菇、平菇等日常品种，但它们也必须煮熟了才可以食用。

那么对人类有害的真菌又有哪些呢？

一类危害源自真菌的产物。同抗生素一样，不同的真菌在生命活动中会产生不同的产物，只是有的能抵御疾病称为抗生素，有的则对人类及其他动物有毒害作用。比如，放久了且保管不善的花生、大米、玉米等，可能会滋生黄曲霉这种真菌。它们产生的黄曲霉素对人体是有毒性的，误食或舍不得扔掉发霉食物而摄入了黄曲霉素，就可能会发生中毒现象，甚至致癌。

另一类危害来自真菌感染。一些真菌入侵人体，会导致各类疾病。比如皮肤真菌感染，会引起一些癣类疾病，出现红肿、瘙痒等症状。要注意的是，一些不良的生活习惯，也会增加真菌感染的风险。比如不勤换衣物，真菌容易在衣物上滋生，导致一些皮肤疾病甚至体内感染。又比如"闻臭袜子"这个动作，如果频次较高，会导致袜子上的真菌被吸到肺里，引起肺部真菌类感染（这个情况虽然看起来不大可能，却是真实存在的病例）。

真菌可以小到肉眼看不见，在小小的面团里，生产着一个个小气泡；真菌也可以非常大，在森林的地面上，连成一片蕈菇"大陆"。可大可小的真菌，在地球上塑造着独特的世界，并为人类生活提供各种各样的便利。

看一眼
就能懂的生物学常识

真菌分类

细胞结构	细胞数量	示例
细胞壁、细胞膜、细胞质、细胞核	单细胞	酵母菌
	多细胞	部分霉菌
		蕈菇类

4 无情的复制机器

——病毒

在细胞类生命结构以外，还有一些其他结构的生命形式，其中较常见的一类叫作病毒。一听这个名字，就感觉它自带负面效应，又是"病"，又是"毒"的。不过，本着我们一贯强调的辩证思维，还是要理解病毒的不同面。下面我们就先来探索病毒最常见的一面吧！

病毒之所以叫病毒，也真不是乱给它起了个不大吉利的名字，而是它们确实在人类文明中多以疾病、瘟疫的形式体现。

病毒的结构非常简单，只有蛋白质的外壳和里面的遗传物质。它们不能独立地生活，必须在其他生物的细胞中进行寄生，利用这些细胞里的物质，按照自己遗传物质的信息进行不断地复制、粘贴，是个没有感情的"复制机器"。

起初，人们通过显微镜技术看到了细菌，对细菌不断进行研究，并不知道还有病毒这种生命形式的存在。大约19世纪末，俄国科学家伊万诺夫斯基在研究烟草花叶病时，发现患病植株榨出来的汁液经过过滤后（通常细菌能够被滤出），汁液仍然能使健康烟草患病，于是，开始思考可能有比细菌还要小的病原体存在。经过不断的探索研究，科学家们最终发现了病毒。

病毒分类

根据病毒的寄生细胞不同，可以将其划分为植物病毒、动物病毒和噬菌体。

植物病毒使得植物感染疾病，不能正常生长发育，特别是经济作物感染病毒，会造成种植农户的经济损失。也许不参与农业种植的人们对于植物病毒了解甚少，但在自然界中，植物病毒感染有时候可能会消灭一个品种。由于植物病毒感染也是会传染的，植物不像人类还会寻找抵御病毒病害的方法，除非植物本身有抵御的基因或者其他抗病毒手段，否则就只有在病毒感染中逐渐凋零，若是本品种中没有具有抗病性的植株，那发生品种灭绝是极有可能的。

动物病毒以动物细胞作为寄生载体，是我们非常熟悉的病毒大类。近些年来，诸如口蹄疫、禽流感等名词进入人们的视野，由于家禽家畜感染病毒，导致其大量死亡，家禽家畜肉类价格也因此出现较大波动，给养殖户造成了严重经济损失，也对当地畜牧业经济造成了一定影响。并且，一些动物病毒还出现了人畜、人禽间传播的情况，导致防疫压力增加。人类有许多疾病也是病毒造成的，有的病症相对较轻，通过身体免疫就可以自愈，比如病毒性感冒；有的则难以治愈，但可以通过疫苗提前预防，比如狂犬病毒；还有的目前还在探索治愈方法，取得了阶段性的进步，比如艾滋病毒；有的由于传染性极强等特点，加之当时医疗技术

局限，曾在历史上造成过大规模的感染和死亡，比如 20 世纪初的西班牙流感，就导致了数千万人死亡。

有一种寄生于细菌里的病毒，叫作噬菌体。它们长得像个蜘蛛，大大的"脑袋"里装着自己的遗传物质，当"蜘蛛脚"在细菌表面停稳时，遗传物质就会进入到细菌体内，利用细菌的细胞物质开始复制，生产出许许多多的噬菌体出来。常见的噬菌体有大肠杆菌噬菌体等。

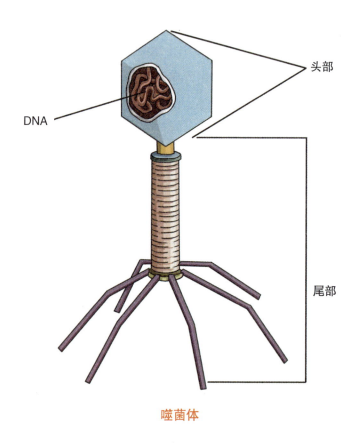

头部

DNA

尾部

噬菌体

看一眼必须收藏的知识点

疫苗技术

在人类与病毒的斗争中，一些疾病因为疫苗技术的发明而得到了有效预防。通过将灭活病毒注射到人体中，让人体的免疫系统识别这些病毒的抗原信息并产生相应的抗体，从而为抵御可能到来的病毒感染做好准备。在婴幼儿时期，按照国家卫生部门的相关要求和建议，会按期给孩子们注射疫苗，来有效预防一些疾病的感染，提高孩子们的健康水平。

但是，疫苗技术仍然面临着诸多挑战。病毒的遗传物质，有些是DNA形式，是较为稳定的双螺旋结构；有些则是RNA形式，只有单链，容易发生变异。在医学中一些运用了数十年的相对稳定的疫苗，基本是针对DNA病毒的。而RNA病毒疫苗就另当别论了，由于病毒常常会发生变异，旧的疫苗信息对付不了新的RNA排列方式，所以疫苗的成分会不断地更新，以适应新的流行病毒趋势，比如流感疫苗。但是变异具有不可控性，这些疫苗的防疫性也因此会受到一定影响。在科学研究中，针对这类病毒的防疫研究仍在积极的探索中，人类在很多RNA病毒疾病研究上已取得了阶段性突破。

病毒结构与分类

结构	按寄生细胞分类	示例
蛋白质外壳、DNA 或 RNA 遗传物质	植物病毒	烟草花叶病毒
	动物病毒	艾滋病毒、流感病毒
	噬菌体（寄生于细菌）	大肠杆菌噬菌体